북극으로 남극으로
한 발 한 발

**-1년 안에 성공한
마렉의 극지 탐험기**

아가타 로트-이그나치욱 글
바르트워미에이 이그나치욱 그림
이지원 옮김

산하

극점을 정복하려고 길을 나섰지만, 내가 발견한 것은
나 자신이었다. 진정한 극점은 내 안에 있다는 것을
이해하게 된 것이다.

마렉 카민스키

● 로스앤젤레스

● 시카고

● 브라질리아

세계 일주

몇 분 만이라도, 아니 단 1초 만이라도 세계 일주를 하고 싶은가요? 그렇다면 극점을 찾아가세요. 북극점이나 남극점이요. 두 극점을 잇는 축이 지구의 회전축이고, 극점을 연결하는 지구 표면의 수많은 선이 경선이에요. 북극점과 남극점에는 지구의 모든 경선이 교차해요. 몇 발짝만 내디디면 프랑스가 위치한 경선, 러시아, 일본, 폴란드, 오스트레일리아가 위치한 경선까지 모두 다다를 수 있어요. 하지만 극점으로의 여행은 간단한 일이 아니죠. 이 지구의 가장 끝 지점, 그것도 두 개의 끝 지점에 다다르고 싶다면 준비를 아주 철저히 해야만 해요. 1995년 마렉 카민스키처럼 말이에요.

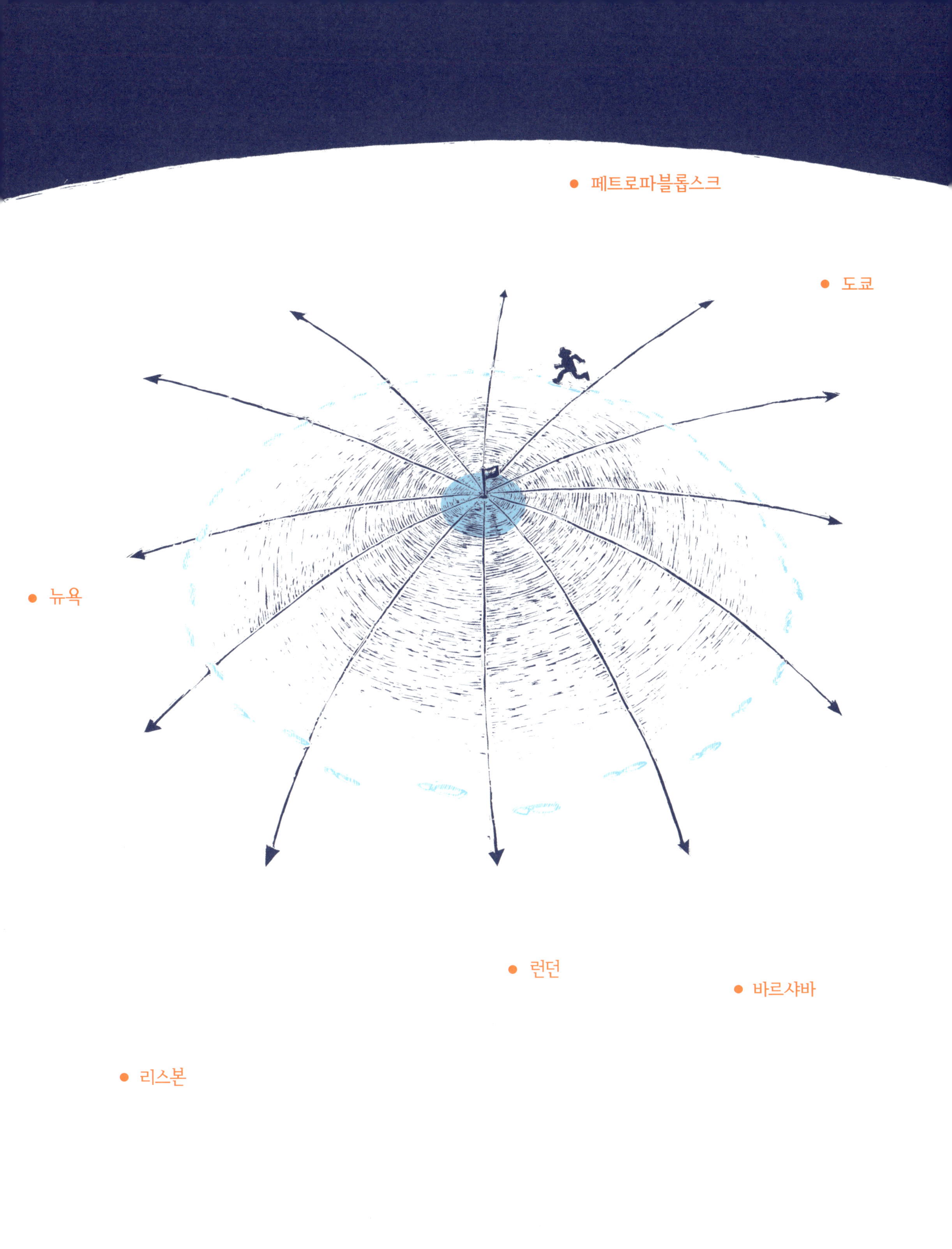

● 페트로파블롭스크

● 도쿄

● 뉴욕

● 런던

● 바르샤바

● 리스본

첫 번째 극점 정복

극점 정복은 오랫동안 이루어질 수 없는 꿈이었고 이후에는 단지 몇 명만이 성공했을 뿐이에요. 용감한 사람들은 혼자서, 혹은 일행과 함께 극점에 도전했고 스키나 개 썰매, 비행기, 기구까지 이용하여 극점을 정복했어요. 북극으로는 배들과 잠수함이 다다랐고요. 누가 처음 북극점에 다다랐는지는 확실치 않아요. 1908년 북극을 정복했다고 주장한 프레더릭 앨버트 쿡은 그 사실을 증명하지 못했어요. 로버트 에드윈 피어리와 프레더릭 쿡의 1909년 북극 정복 논쟁 역시 1996년에 이르러 참인지 거짓인지 의심되었어요. 탐험대가 계산을 잘못해서 북극점으로부터 32km 떨어진 지점에 갔다는 것이 밝혀졌지요. 한참이 지난 1926년에 이르러서야 로알 아문센과 링컨 엘즈워스 그리고 이탈리아의 반경식 비행선(단단한 골조와 공기주머니의 장점을 혼합한 형태의 비행선) 조종사인 움베르토 노빌레가 확실하게 북극을 정복했어요. 탐험가들은 하늘에서 북극점을 내려다보며, 그곳에는 육지가 없고 물만 있는 것을 확신하게 되었어요.

로알 아문센은 또한 남극을 정복한 첫 번째 사람이에요. 스키를 신고 1911년 12월 14일에 남극점에 닿았는데, 경험이 많은 탐험가들과 개가 끄는 썰매의 도움을 받았어요.

극점 정복에 처음으로 성공한 지 100년이 넘게 지났지만 아직도 탐험가들은 지구의 맨 끝에 다다르려는 시도를 계속하고 있어요. 많은 시도가 실패하고 비극으로 끝났지요.

1년 안에 북극과 남극을 모두 정복한 첫 번째 탐험가는 마렉 카민스키예요. 보이치에흐 모스칼과 함께 1995년 5월 23일에 북극점에 섰지요. 폴란드 사람으로서는 첫 번째예요. 그리고 7개월이 지난 1995년 12월 26일 (폴란드 시간으로) 지구 반대편의 극 지점에 이번에는 마렉 카민스키 홀로 섰어요.

모든 탐험은 머리에서 시작한다

어렸을 때부터 마렉은 다른 세계와 다른 나라에서 사는 사람들이 궁금했어요. 하지만 여행을 하지 않고 그들을 어떻게 알 수 있을까요? 마렉이 어렸을 때는 인터넷도 없었고, 외국 여행은 쉽지 않았어요.

어느 날 마렉은 좋은 생각이 떠올라 여러 나라의 대사관에 전화를 해서 그 나라 어린이 잡지 편집부의 주소를 얻었어요. 그리고 전 세계 여러 나라의 어린이 잡지에 '폴란드 소년의 동갑내기 친구 구하기'라는 광고를 실어 달라고 부탁했어요. 얼마 시간이 흐른 후 마렉은 이탈리아, 프랑스, 그리스, 독일, 브라질 어린이들한테 편지를 받기 시작했어요. 그중 몇 명과는 몇 년 동안이나 편지를 주고받았어요.

마렉은 사춘기 때부터 밤이면 유명한 탐험가들의 이야기를 읽고, 낮에는 나무딸기 열매를 모았어요. 나무딸기를 좋아해서 그런 것은 아니었어요. 열매를 팔아 돈을 모아서 배를 타고 덴마크로 가는 꿈을 이루기 위해서였죠. 나무딸기 수백 kg을 따고, 유리창을 수십 장 닦고, 부모님께 바닷길에서 충분히 혼자 여행할 수 있다는 확신을 드려야만 했어요. 쉽지 않았죠. 하지만 마렉은 포기하지 않았어요. 1979년 여름, 마렉은 배에 올라 덴마크로 향했어요. 그때 나이는 겨우 15살이었어요.

마렉의 첫 번째 여행은 마법처럼 황홀했어요. 모든 것이 신기하고 새로웠죠. 자기가 번 돈으로 처음 보는 사람들과 함께 배를 타다니! 마렉은 일을 하고 주위에서 일어나는 모든 일들을 주의 깊게 관찰했어요.

마렉은 여행이 좋았어요. 덴마크 여행 이후에도 다른 여행을 할 기회가 왔어요. 이번에는 배를 타고 아프리카로 갔고, 그다음엔 히치하이크로 유럽을 여행했고 중남미와 멕시코에도 갔어요. 가능하기만 하면 마렉은 언제나 여행 중이었어요.

함께, 따로?

어른이 된 마렉 카민스키는 꿈을 버리지 않았어요.
세계 여행을 갈망했지요. 얼음의 땅에서 추위와 싸우는
모험은 1990년 스피츠베르겐섬에서 시작되었어요.
거기서 보이치에흐 모스칼을 처음 만났어요.
마렉에게는 열정이 있었고, 보이텍(보이치에흐의 애칭)은
극지방을 탐험한 경험이 있었어요. 그들은 함께
그린란드로 떠나기로 했어요. 함께 목표를 이룬 것은
3년 후 1993년이었어요.

얼음 땅을 향해, 두 탐험가는 바로 다음 계획을
세웠어요. 북극점을 정복하는 것이었지요. 한 가지만
결정하면 되었어요. 함께 갈지 따로따로 갈지였어요.
둘은 서로를 잘 알았고, 좋아했으며 서로에 대한
믿음이 있었어요. 둘 다 경험 많은 탐험가였고, 함께
시간을 보내는 것도 즐거웠어요. 이야기도 많이 했지만
함께 침묵하는 시간도 많았죠.
그래서 그들은 함께 가기로 결정했어요.

탐험 경비

극지방으로 여행을 간다면 마지막 순간에 갑작스럽게 결정할 순 없어요. 단지 지구에서 가장 추운 지점으로 가는 여행이라고만 할 수 없으니까요. 꿈으로부터 시작해서 인내심이 필요한 힘든 준비 과정을 거쳐서 완성되는 거대한 프로젝트죠.

북극점으로 가는 폴란드 팀의 경비는 1995년 당시 바르샤바의 큰 아파트 한 채 가격(86,600달러, 210,000즈워티)와 맞먹었어요. 마렉에게도 보이텍에게도 그런 돈은 없었죠. 특수 장비, 옷, 음식을 살 돈이 필요했고 가까운 장소까지 갈 항공비와 탐험 장비를 운송할 돈도 필요했어요. 자금을 모으는 것은 매우 힘들었어요. 후원자들에게 마렉과 보이텍은 자기들을 믿어 달라고, 탐험이 성공으로 끝날 것이라고, 장비와 경비를 후원하면 훗날 기업에 이득이 될 거라고 설득했어요. 하지만 쉽지 않았어요.

"우리에게 필요한 식량을 제공하신다면 귀사의 로고와 정보를 저희 탐험 보고에 수록하겠습니다."

"신문을 보는 구독자들에게 며칠에 한 번씩 우리의 여행에 대해 보고하겠습니다."

"우리에게 좋은 썰매가 있으면 북극에 꼭 다다를 수 있습니다. 귀사의 장비를 홍보하는 기회입니다."

결국 북극까지 가는 항공편은 영국 항공이 지원했고, 장비와 식량은 이를 만드는 기업들이 제공했어요. 이렇게 후원자들을 찾는 데에 2년이 걸렸어요.

탐험 계획

극점 탐험을 시도한 많은 여행자들은 회고담과 여행기를 남겼어요. 꼭 성공담으로만 끝나지는 않는 극지방 탐험 일지들은 도서관 책장에서도 여러 칸을 차지하지요. 비록 실패담이라고 해도 지식과 경험의 보고이고, 탐험 준비에 도움이 돼요. 북극으로 나서기 전 마렉과 보이텍은 다른 탐험가들이 쓴 책과 기사, 인터뷰와 회고록들을 읽었어요. 그리고 과학자들과 현지인들, 탐험을 사랑하는 사람들과 대화를 나누고 그들의 이야기를 들었죠. 지도를 뒤져 보고, 갈 길을 표시하며 계획을 세웠어요.

준비

북극으로 떠난다고 상상해 보세요. 첫 번째 행군의 날이 지나고 야영을 해야 하는 밤이 옵니다. 텐트를 펼치려고 하죠. 모든 것이 느리기만 해요. 두꺼운 장갑 속 얼어붙은 손가락은 아무것도 잡지 못하고 몇 겹의 방한복은 움직임을 방해해요. 가장 간단한 동작에도 엄청난 시간이 걸리고, 몸은 점점 더 차가워져요.
마렉 카민스키는 집 안의 소파에 앉아 탐험에서 맞닥뜨릴 수 있는 모든 어려움에 대해 상상했어요. 그러고는 한 가지 문제당 적어도 세 가지 해결책을 생각해 내려고 노력했죠. 알 수 없는 상황을 최대한 제거하고 싶었어요. 실수가 최소한이 되도록 모든 위급 사항을 예상하고, 장비를 모두 사전에 시험해야 했죠. 마렉은 혹독한 추위와 힘든 상황에서 장비 작동법을 새로 익힐 수 없다는 사실을 알고 있었어요.
거대한 장갑을 끼고 위아래가 붙은 방한복을 입은 마렉은 이웃의 웃음에도 아랑곳하지 않고 뜰에 텐트를 치고 그 안에서 자곤 했어요. 집 부엌을 놔두고 버너에 음식을 끓여 바깥에서 먹기도 했지요.

타이어를 끌고 숲속 달리기

이어질 여정에서 두 사람을 기다리고 있는 것은 냉혹한 조건 아래 해내야 할 행군이었어요. 가져가는 모든 물품은 스스로 날라야만 했지요. 몸은 언제나 단련이 되어 있고 유연해야만 했어요. 마렉 카민스키는 수영과 달리기를 하고 헬스장을 다니며 몸을 만들었어요. 몸에 타이어를 묶고 배낭을 메고 걸었지요. 매일매일 무거운 것을 들고 점점 더 거리를 늘려 가며 등산을 했어요. 고개 하나만 더 넘자, 1km만 더, 다음 모퉁이까지만…. 언덕이 많은 트루이미아스토(세 도시라는 뜻. 폴란드 북쪽 발트해 연안의 그단스크, 소포트, 그디니아를 가리킨다.)의 지형이 이런 훈련에 도움이 되었어요. 두 탐험가는 탐험 전 거의 1년 동안 훈련을 하였고 타이어를 끌고 달리는 두 사람의 모습은 그디니아에서 늘상 볼 수 있었어요.

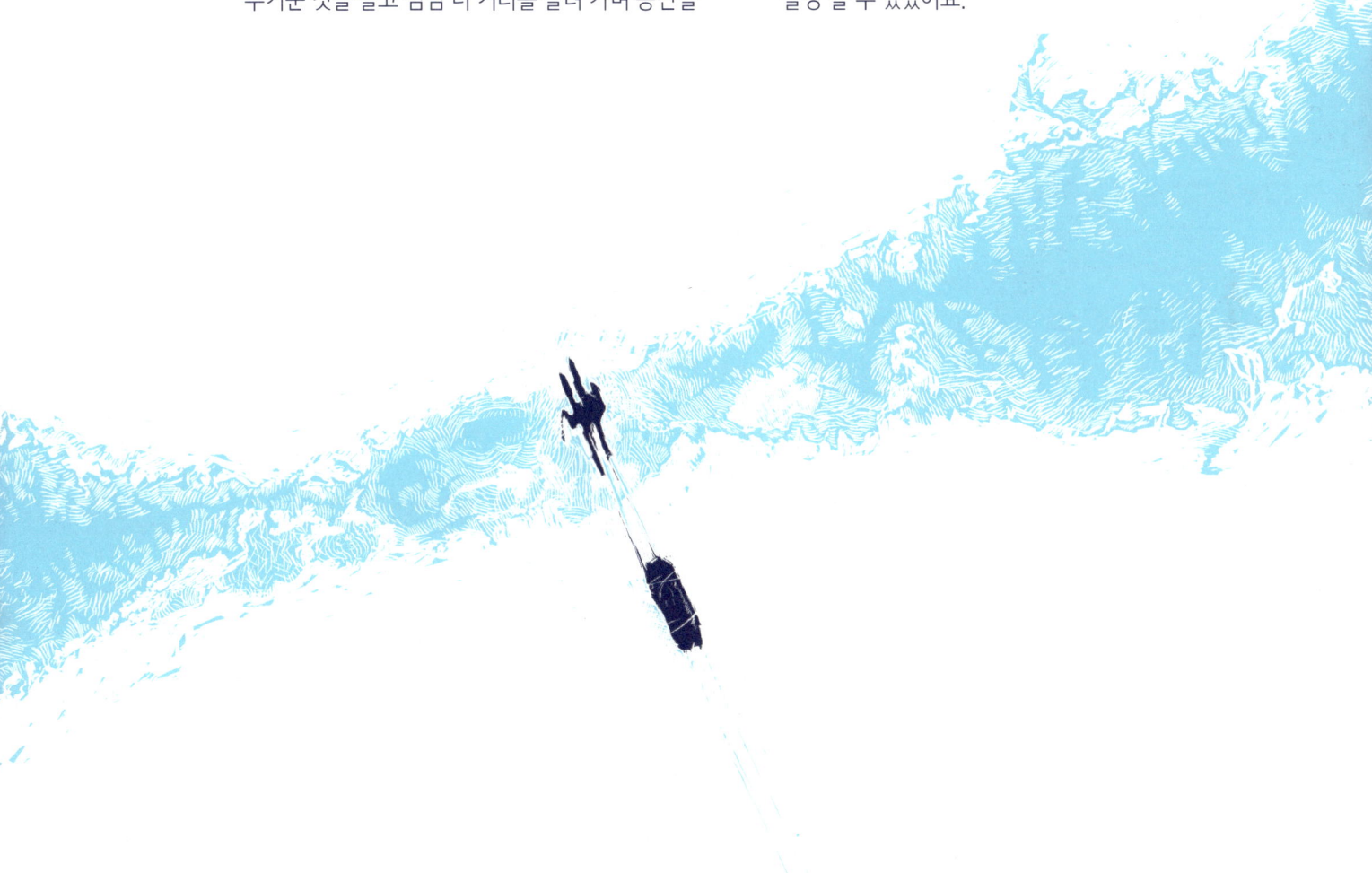

오리털 파카 입고 수영하기

오리털 파카에 스키 바지를 입고 스키를 신고 수영장에 들어가는 것은 미친 짓일까요? 물론 그렇지만, 마렉 카민스키는 사람들의 시선을 신경 쓰지 않았어요. 예상할 수 없는 상황을 싫어했고, 몇 주 동안 깨진 얼음 위를 걸어야 한다는 것을 알고 있었기 때문에 마렉은 극지방에서나 입을 옷차림으로 물에 뜨고 수영하고 물 밖으로 나오는 것을 연습했어요. 갑자기 바다에 빠진다면 어떻게 빠져나올지 시험해 보고 싶었던 것이지요.

썰매: 210x61cm, 7kg.
화학 섬유와 천연 섬유로 제작.
200kg의 짐을 실을 수 있다.

장비

탐험에는 무엇을 가져가야 할까요, 그리고 무엇을 포기해야 할까요? 식량은 얼마나 가져가야 할까요? 추위를 막아 주는 옷은 무엇일까요? 1kg, 아니 1g도 몸에는 부담스러워요. 필요 없는 물건 단 하나가 극점으로 향하는 마지막 발걸음을, 힘과 시간을 좌우할 수도 있겠죠. 마렉과 보이텍은 선택을 해야만 했어요. 튼튼하고 이미 검증된 장비, 일상에 필요한 장비, 위치 파악과 연락에 필요한 장비, 옷과 식량을 챙겼어요. 그리고 예상치 못한 상황과 사고에 대비할 연장과 보조품도 챙겨야 했지요.

 너구리털 후드

 오리털 파카
 바람막이 점퍼

 오리털 바지
 방한 바지

 귀가 달린 모자
 머리 전체를 감싸는 모자 얇은 것과 두꺼운 것

 고글
 안경
 쌍안경
 카메라와 필름

 마스크

 속옷
노트 연필과 볼펜

 손가락장갑
 벙어리장갑
 펠트 부츠
 캔버스 천 부츠
 스패츠
(무릎 아래부터 발등까지 덮는 덮개)
 두꺼운 양말과 얇은 양말

 작은 배낭
 탄약
 쌍발 산탄총
 눈삽

야영을 위한 장비: 1.6kg의 텐트. 외피와 내피를 갖추고 있어 안쪽에서 편안히 잘 수 있다. 부엌을 겸하는 입구에는 버너가 세워져 있다.

1.5L 연료통

70인분 아침과 저녁 식사. 에너지바, 초콜릿, 티백

합성 섬유로 채워진 따뜻한 침낭

얇은 침낭

매트

가리개가 있는 버너

5L짜리 물 끓이는 냄비

보온통

성냥

라이터

오줌 병

줄

시계

라칼 라디오

아르고스 송신기

라디오 배터리

나침반

스위스 아미 나이프

레더맨 멀티툴

칫솔   화장지

보통 보온병과 큰 보온병

보온컵

숟가락과 칼

물병

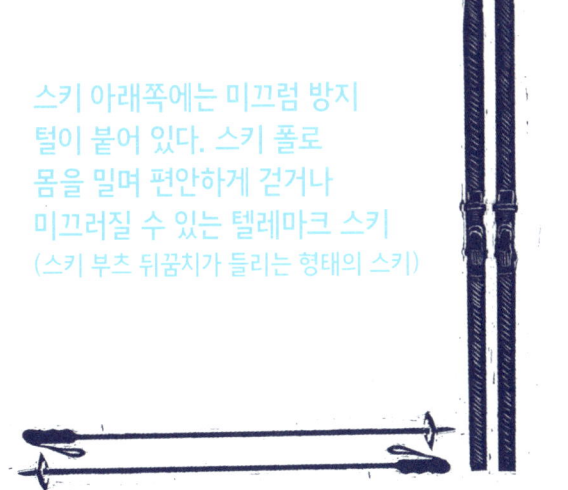

스키 아래쪽에는 미끄럼 방지 털이 붙어 있다. 스키 폴로 몸을 밀며 편안하게 걷거나 미끄러질 수 있는 텔레마크 스키 (스키 부츠 뒤꿈치가 들리는 형태의 스키)

약 상자: 약, 비타민, 연고, 밴드

체온계

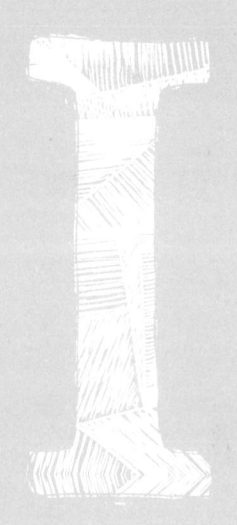

북극점

북극점은 북극해에 자리하고 있어요. 그곳에 가려면 아주 춥고, 보통 바람이 심하게 불며 시야가 좋지 않은 북극해의 얼어붙은 바다 위를 거의 1,000km는 지나야 하죠. 좋은 길도, 평평한 길도 아니에요. 그 길은 살아 있는 생명체 같아요. 얼음덩어리들은 기온과 바람의 영향으로 매일매일 위치를 바꾸기도 하죠. 빠질 만한 구멍으로 가득하고, 틈과 덩어리, 작은 산처럼 보이는 얼음 융기도 곳곳에 있지요. 무거운 썰매와 짐을 끌고 이 융기들을 넘어야 해요. 매일매일 이렇게 힘든 행군 끝에 받는 상은 천으로 만든 집인 텐트 안에서, 얼어붙은 침낭에서, 청하는 잠이에요.

탐험의 시작

북극으로 가는 길은 여러 가지예요. 미국의 알래스카에서 시작하기도 하고, 캐나다에서, 덴마크령인 그린란드에서, 러시아에서 출발하기도 해요. 출발하고 나서는 직선으로 최소한 770km 정도 거리를 가야 하지요.
마렉과 보이텍은 가장 어려운 길을 선택했어요. 캐나다 북쪽의 엘즈미어에서 멀지 않은 워드 헌트섬에서 시작했어요. 그러면 직선으로 880km를 가야 하지요. 그리고 스스로의 힘으로 북극점에 다다르기를 원했어요. 그 말은, 식량 공급이라든지, 썰매를 끄는 일에 있어서 엔진도, 썰매 개들도, 그러니까 누구의 도움도 받지 않겠다는 것이었어요. 자신들만을 의지하고, 스스로 근육의 힘만을 믿어야 했지요.

모든 준비를 마치고 갈 길을 선택한 이후에는 사람과 장비를 어떻게 운송하느냐만 남았어요.

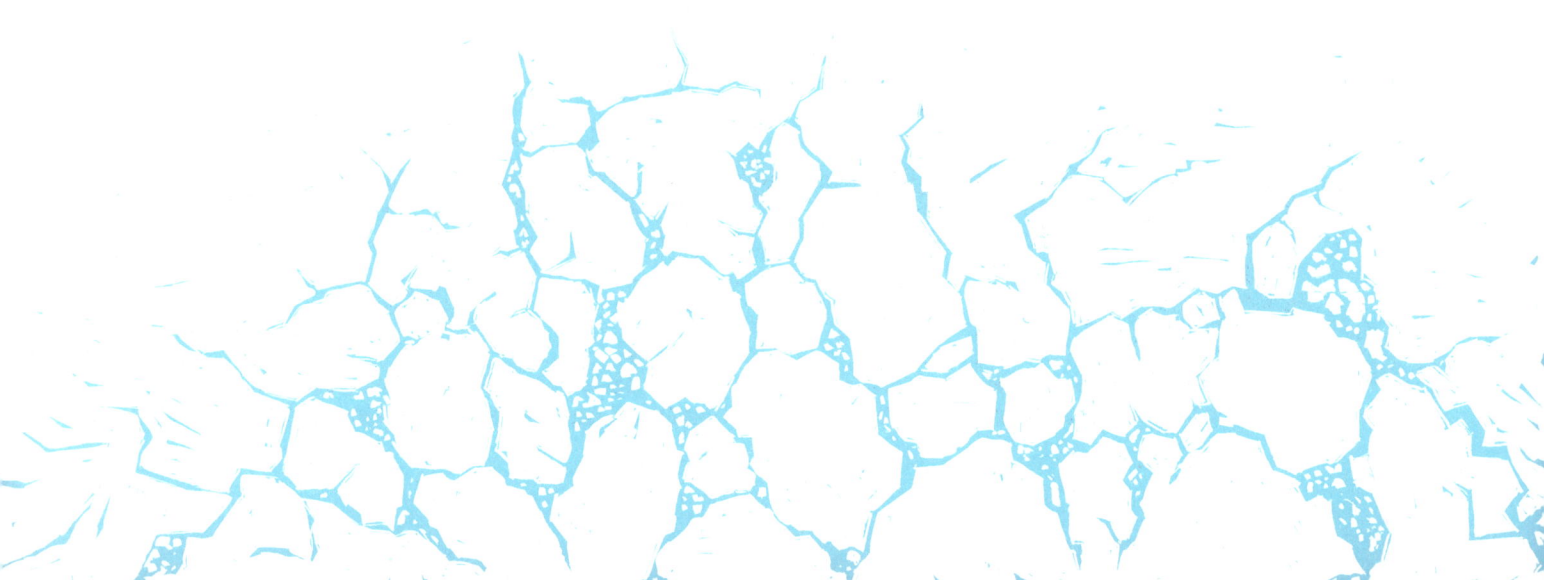

칫솔 반 개

마렉 카민스키와 보이치에흐 모스칼은 폴란드를 떠나 환승을 하며 캐나다령인 레졸루트 마을에 다다랐어요. 그곳에서 북극 탐험을 도울 주민 브래들리가 기다리고 있었지요.

둘은 시간을 낭비하지 않았어요. 커다란 창고에 물건들을 펼쳐 놓고, 다시 한번 장비를 시험해 보고 계속해서 분류를 했어요. 필요치 않은 것은 모두 없앴어요. 포장, 상자, 폴란드에서 출발할 때만 해도 꼭 필요해 보였던 물건들이 여기 와서 보니 갑작스럽게 사치품처럼 느껴졌어요. 뭘 더 없앨 수 있을까요? 마렉은 칫솔의 대를 톱으로 잘라 냈어요. 이를 닦는데 칫솔대 전체가 필요한 것은 아니니까요. 단 1g의 무게라도 줄여야 했어요.

텐트를 펼쳐 잘 자리를 만드는 것은 레졸루트에서 몇 km 떨어진 곳에서 했어요. 그디니아의 집 마당에서 했던 것처럼 천막을 치고, 장비를 풀어놓고, 짐을 싸고, 다시 천막을 쌌어요. 이렇게 야영 준비를 수백 번, 완벽하게 될 때까지 연습했지요.

1995년 3월 12일 브래들리의 경비행기가 레졸루트를 떠나 지구상에서 가장 북쪽에 위치하고 있는 땅인 워드 헌트섬으로 향했어요. 북극점까지는 이제 물과 얼음뿐이었어요.

짧은 작별 인사 끝에 경비행기는 떠나고, 탐험가들은 꽁꽁 얼어붙은 바다를 향해 움직이기 시작했어요. 기온은 영하 54도였어요.

준비하느라 들뜬 마음도 흥분으로 혼란스러운 기분도 천천히 가라앉았어요. 마렉과 보이텍은 아무 말없이 발걸음을 옮겼고, 머릿속은 온통 북극점으로 가득했어요.

해류의 장난

첫 번째 어려움은 탐험 초기에 바로 나타났어요. 탐험가들이 아무리 걸어도 알 수 없는 힘이 그들을 원래의 출발 지점으로 돌려놓는 것이었지요. 그것은 끊임없이 움직이는 바닷물의 장난이었어요. 마치 에스컬레이터를 반대 방향으로 탄 것만 같았지요. 그런 기분 아니요? 서두르다 에스컬레이터 방향을 착각하고 잘못 타서 위로 올라가고 싶지만 아래로 움직이는 거예요. 출발 위치로 돌아오려면 다시 움직여야 했어요. 북극점으로 향하는 탐험가들이 바로 그런 처지였어요.

잠을 자려고 하면 더욱더 상황이 안 좋아졌어요. 방울꽃거리 1번지의 집에서 자려고 누웠는데, 잠을 깨었을 때 튤립거리 8번지에 와 있다고 상상해 보세요! 정말 이상하죠?

마렉과 보이텍에게 이런 상황은 자주 생겼어요. 잠든 장소와 다른 곳에서 깨어났어요. 자고 나서 아침에 위치를 확인하면, 캠프 위치가 얼음과 함께 남쪽으로 이동해 있었어요. 몇 km를 다시 가야만 했어요. 둘은 이를 휴식의 값비싼 대가라고 불렀어요. 지구의 자전, 극지방의 해류, 그리고 바람이 북극해의 얼음을 움직이게 하는 것이죠.

그 결과 북극점으로 향하는 탐험가들은 계획에 없던 거리를 더 가야만 했고, 극지방의 풍경은 매일매일 바뀌었어요.

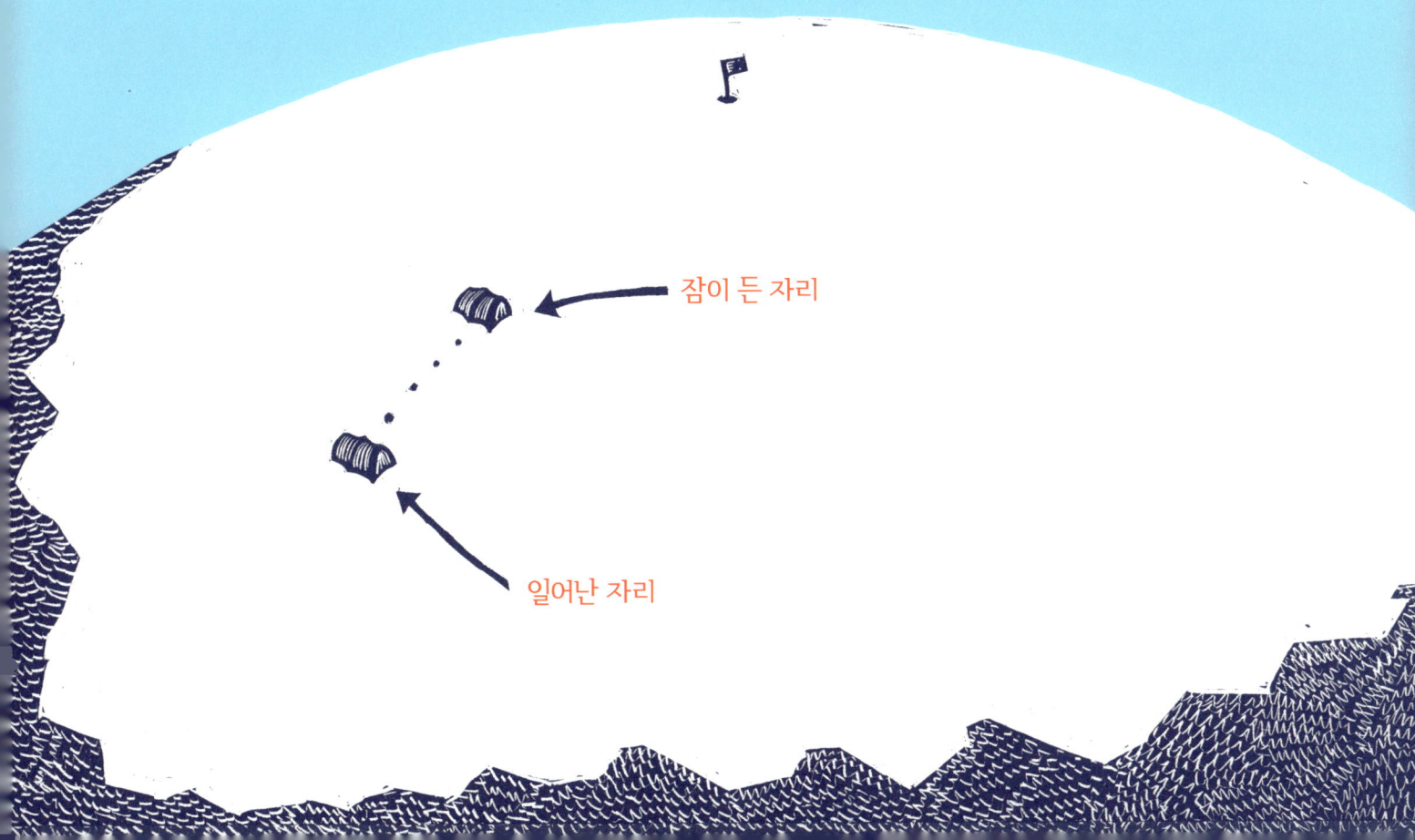

빙하의 크레바스

쿵, 쾅, 우르릉. 북극에서는 계속해서 불길한 소음이 들려와요. 얼음이 깨지는 소리이지요. 그리고 깨진 빙하의 조각은 물의 움직임에 따라 멀리 떠내려가요. 이렇게 커다란 빙하와 빙하 사이에 쪼개진 틈인 크레바스가 생기지요.

길에서 크레바스를 만나면 탐험가들은 계속 갈 수 있는 방법을 찾아야만 했어요. 가끔은 틈이 가장 좁은 곳을 찾아서 빙하의 모서리를 오랫동안 걸어야만 했어요.

1. 한번은 빙하 끝을 오랫동안 걸어온 끝에 마렉과 보이텍은 틈이 가장 좁은 곳에 다다랐어요. 보이텍이 빙하의 틈새를 훌쩍 건너뛴 뒤 썰매를 세게 잡아당기고, 마렉은 썰매를 밀었죠. 하지만 그것으로 충분하지 않았어요.

2. 썰매는 끌려오다가 걸리고 말았어요. 얼음 턱이 너무 높았던 것이죠. 썰매에 고정된 예비 스키가 걸려 있었어요.

3. 마렉은 크레바스를 풀쩍 뛰어넘었어요. 이제 크레바스에서 썰매를 꺼내야만 했어요.

4. 손도끼를 얼음에 박아 놓고 보이텍이 허벅지 둘레에 끈을 매어 손도끼와 연결했어요.

5. 보이텍은 썰매를 걸리게 했던 예비 스키를 빼낸 뒤 그만 아래로 굴러떨어지고 말았어요. 다행히 손도끼와 연결한 끈이 보이텍을 잡아 주었어요. 뒤집어져서 대롱대롱 매달려 있는 보이텍이 좀 우스워 보일 지경이었어요. 마렉은 보이텍이 올라오도록 도와주었어요.

6. 보이텍은 천천히 몸을 제대로 돌리고, 썰매에 실린 짐을 위로 올리고, 절벽 위로 올라왔어요. 가벼워진 썰매를 둘은 겨우 한쪽으로 당겨 올릴 수 있었어요. 잘 준비를 마쳤을 때에는 이미 저녁이었어요. 그곳은 전날 밤 잠들었던 장소와 거의 같은 곳이었어요.

크레바스에 맞서는 방법

1.

크레바스가 길고 넓으면 빙하의 끝을 따라 계속해서 걷다가 양쪽의 빙하가 거의 만나는 부분을 찾아내는 수밖에 없어요. 그래서 한쪽에서 다른 쪽 빙하로 뛰어넘는 것이지요. 훌쩍 뛰어넘어 몇 발짝 가고 썰매를 세게 끌어당겨요. 하지만 이미 본 것처럼 그건 그렇게 쉬운 일이 아니었어요.

2.

크레바스를 지나가는 다른 방법은 썰매를 연결해서 뗏목처럼 만드는 거예요. 썰매가 스키보다 길기 때문에 스키로 지나가기 너무 긴 틈에 다리처럼 쓰일 수 있어요.

3.

마렉 카민스키와 보이텍 모스칼은 소금쟁이처럼 물 위에서 움직일 수 있으면, 중력의 힘을 거스를 수 있으면, 얼마나 좋을까 하고 생각했어요. 크레바스가 너무 넓은 곳, 빙하와 빙하 사이가 얇은 얼음판으로 덮여 있는 곳을 넘을 때는 위험을 감수할 수밖에 없었어요. 몸의 근육을 총동원해 팔다리에 몸무게를 똑같이 나누고 살얼음판 어디라도 너무 세게 밟지 않도록 하며 움직였어요. 부드럽게, 한 발짝씩 얼음에 내디디며 이번에도 비극을 피할 수 있기만 바랐어요. 발아래 바로 수천 m나 되는 찬 물길이 있다는 사실이 동작을 더 유연하고 가볍게 했어요.

툭, 툭, 툭, 툭, 툭, 툭, 툭, 툭.
보이텍과 마렉은 얼음판의 두께와 강도를 막대로 여덟 번씩 찔러 보며 확인했어요.
'견딜 수 있을까? 이 위를 지나가도 될까?'

툭, 툭, 툭.
또다시 확인해 봐요. 왜 이번엔 세 번만 확인했을까요? 날이 갈수록, 둘은 점점 자신감이 생기고 얼음의 상태에 대한 감각을 익히게 되어 좀 더 용감해졌어요. 앞으로 나아갈 수밖에, 행운에 기대는 수밖에 없었어요. 무슨 일이 있어도 목적을 꼭 이루고 싶었어요. 북극점은 점점 더 가까워졌어요.

사방치기하듯이

이쪽 돌에서 저쪽 돌로 뛰어 본 적 있나요? 아니면 보도블록 사이를 밟지 않고 걸어 본 적이 있나요? 두 탐험가의 북극 탐험 길도 이와 비슷했어요. 마렉과 보이텍이 거대한 크레바스에 이르렀을 때였어요. 쾅! 지직! 크킁! 얼음이 서로서로 부딪쳐 예상치 못하게 둘 앞에서 길을 만든 거예요. 생각할 겨를도 없었어요. 바로 껑충껑충 뛰어 이 얼음에서 저 얼음으로, 마치 메뚜기처럼 뛰었죠. 얼음장 위에 덮인 눈이 조각조각 갈라졌어요. 또다시 얼음이 서로 떨어지기 전에 건너야만 했어요.

얼음산, 북극의 얼음은 평평하지 않다

크레바스에 반대되는 것은 얼음산이에요. 얼음산은 거대한 얼음판들이 바람과 파도, 해류에 밀려 서로 부딪쳐서 만들어졌어요. 마치 거인들이 맞붙은 것만 같아요. 충돌의 결과로 얼음판은 서로 밀려 올라타면서 부서져요. 때때로 높이가 수십 m가 되는 뾰족한 얼음산이 만들어져서, 접근조차 어려웠지요. 그 위를 지나가는 것은 마치 지진이 휩쓸고 간 도시 위를 걸어가는 것과 같아요.

120kg이나 되는 썰매를 끌고 하루에 몇 km에서 몇십 km를 이동하다가 이런 산을 만나 넘어가거나 돌아가야 한다고 상상해 보세요. 매일매일, 몇 주 동안이나요. 북극점에 도달하려면 얼음산 수백 개를 아니면 수천 개를 정복해야만 해요. 계속해서 다음 산을 보면서요.

체력뿐만 아니라 의지도 필요하지요.

가끔은 마렉과 보이텍은 얼음산 꼭대기에서 주위를 둘러보며 가장 쉬운 길을 고르기도 했어요. 다음 얼음산으로 힘들게 올라가는 것이 아니라 옆으로 돌아가는 것이었지요. 매번 얼음산을 오를 때에는 여러 어려운 고비에 지지 않겠다고 마음을 다잡아야 했어요. 서로 떨어져서 각자 자기 썰매를 끌고 올랐지요. 가끔은 썰매를 함께 밀며 산을 넘고, 그 후에 두 번째 썰매를 가지러 함께 내려오기도 했어요. 그렇게 하루하루가, 얼음산 하나하나가, 지났지요. 얼음산을 넘는 기술도, 얼음 바다의 끊임없는 방해 요인을 극복하는 방법도 점점 더 나아졌어요. 함께 힘을 합쳐서요.

북극 탐험의 하루

하루에도 리듬이 있지요. 일어나서 학교에 가고 밥을 먹고 집에 돌아오고, 놀거나 학원에 가거나 하는 등, 되풀이되는 일상도 있고, 우리의 하루를 조금 더 다채롭게 하는 일들도 있어요. 탐험의 하루도 비슷해요. 탐험에서도 일상의 리듬을 유지하는 것은 매우 도움이 돼요. 특히 낮과 밤의 구분이 시계로만 가능한 극점 근처에서는 말이에요. 힘든 행군과 등산을 마치면 몸을 회복하고 에너지를 보충할 휴식 시간을 가졌어요. 마렉과 보이텍은 먹고 마시고 다시 힘을 찾아야만 했어요. 야영할 자리를 잡고 길을 고르고 장비를 살피고 자잘한 수선을 하는 것 역시 극지방에서의 일상이었어요. 그러나 탐험의 하루하루는 매일이 특별했어요. 아무리 일상적인 일이 반복된다고 해도 북극에서 보내는 시간 그 자체가 모험이니까요. 하루의 계획을 잘 세우는 것이 시간을 잘 이용하는 데에 좋았어요. 마렉과 보이텍은 세워 놓은 시간표를 지키려고 애썼어요. 걷는 시간과 숨 돌리는 시간을 구분했어요. 사람의 몸은 규칙적인 생활을 필요로 하고, 머리는 앞으로 얼마나 더 걸어야 쉴 수 있을까 하는 질문에 대한 답을 필요로 했으니까요. 탐험이 진행되며 마렉과 보이텍은 몇 주에 한 번씩 걷는 시간을 더 늘리고 쉬는 시간을 줄였어요. 목적을 이루고자 하는 마음이 피로도 잊게 했어요.

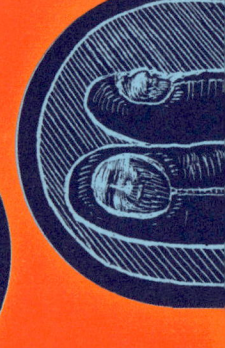

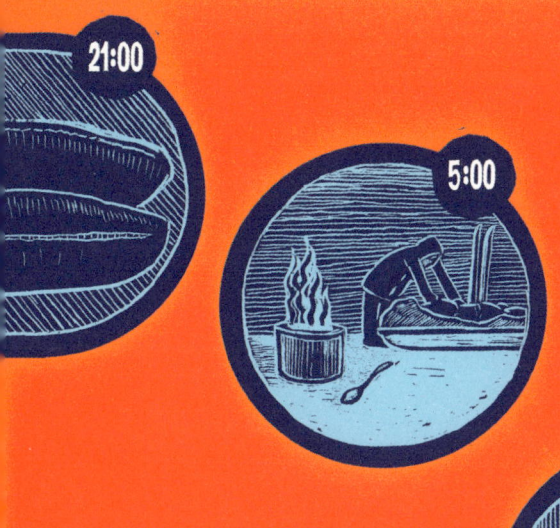

05:00 아침 식사와 텐트 걷기
08:30 걷기 시작
10:30 뜨거운 음료와 에너지바를 곁들인 휴식 시간
11:00 걷기
13:00 초콜릿과 함께 휴식 시간
13:30 걷기
15:00 뜨거운 음료와 에너지바를 곁들인 휴식 시간
15:30 걷기
18:00 텐트 치기
20:00 저녁 식사
20:30 자유 시간
21:00 취침

잘 준비하기

발밑으로 얼음이 갈라지지 않고, 얼음산이 북극의 찬 바람을 막아 줄, 오늘 밤 텐트를 펼칠 곳은 어디일까요? 저녁 5시에서 6시 사이에 두 탐험가는 잠을 자고 휴식을 취할 장소를 물색했어요. 장소를 찾으면 두 시간 반 동안 잠자리를 만드는 일을 매일매일 되풀이했어요. 거의 기계적으로요.
일단은 텐트를 펴요. 그리고 얼음산 옆이나 움푹 들어간 곳, 얼음 굴 같은 곳에서 옷에 쌓인 눈을 솔로 털어 내요. 점퍼에 얼음이 두껍게 쌓여 있으면 넘어지기 십상이에요. 제대로 털지 않은 눈이 텐트 안에서 녹아 물이라도 생기면, 옷에서 습기를 없앨 수 없었어요. 눈을 꼼꼼히 털고 나서야 텐트로 들어가 그 안에서 살림을 펼쳤어요.

텐트 생활과 저녁 준비

 텐트의 눈을 털어 내고 매트 깔기

 양말, 장갑, 모자를 걸어 말리기

 텐트 안에 살림을 놓기. 모든 물건에는 제자리가 있음

 잠시 동안 따뜻함을 즐기기

 신발을 벗고 눈을 털기

 페미컨(고기와 채소를 지방에 녹여 굳힌 보존 식량) 자른 것과 동결 건조식품을 보온병에 넣기

 버너를 켜고 냄비 준비

 뜨거운 물을 보온병에 넣고 버너를 끄고 모자와 장갑을 다시 쓰기

 냄비에 눈을 넣고 버너 위에 올리기

 동결 건조식품이 끓을 때까지 12분 기다리기

 텐트를 잠그고 스패츠를 벗고 다리를 녹이기

 맛있는 저녁 식사

 마른 양말로 갈아 신기

 이야기, 독서, 글쓰기를 위한 자유 시간. "잘 자!"

북극의 밤

너무 자주 씻으면 수명이 줄어든다는 말이 있어요. 누가 생각해 낸 말인지, 혹시 극지 탐험가는 아니었을까요? 매일 목욕하기 싫은 사람, 극지 탐험이 딱이랍니다.

텐트에는 욕실이 없고 찬 북극의 바다에서 목욕을 했다간 큰 병에 걸리고 말 거예요. 북극 탐험 중 목욕은 불가능, 이는 닦을 수 있어요. 이만 닦아도 상쾌했지요. 텐트 안 온도는 바깥보다는 약간 높았지만 편안히 잠들 수 있을 정도는 아니었어요. 옷을 벗고 플란넬 잠옷으로 갈아입을 수도 없었죠. 마렉과 보이텍이 여분의 옷가지를 가져온 것도 아니었고요. 탐험의 성공을 위해 단 한 가지라도 필요 없는 물건은 썰매에 실을 수 없었어요. 긴긴 몇 주 동안 탐험 복장은 둘에게 피부가 되어 버렸어요.

극지방에서 밤을 보내는 것은 불이 환하게 켜진 냉동실 안에서 잠을 청하는 것과 비슷하다고 할 수 있어요. 추위로부터 몸을 피할 수도 없고 화장실에 갈 수도 없어요. 매일매일요. 침낭으로 몸을 완전히 감싸고 자면서, 혹시 소변이 마려우면 플라스틱 병에 해결해야 했어요. 사실 오줌이 든 따뜻한 병이 잠시 동안이라도 얼어붙은 몸에 온기를 전달해서 좋기까지 했어요. 두세 시간마다 한 번씩 깨어 동상에 걸리지 않으려고 손발과 얼굴을 문질렀어요. 끊임없이 들려오는 얼음장 깨지는 요란한 소리에 잠을 깨는 것은 쉬웠어요.

여보세요, 들리세요?

북극점까지는 혼자서, 아무와도 연락하지 않고 갈 수도 있어요. 하지만 탐험 중에 도움이 필요하게 되면 어떻게 할까요? 아니면 북극점에 도달해서 목적을 이루었으니 이제 베이스캠프로 빠져나갈 운송 수단이 필요하다고 연락하려면요?
마렉과 보이텍은 레졸루트에 있는 베이스캠프와 스피츠베르겐섬에 있는 폴란드 기지와 연락하기 위해 무전기를 가져왔어요. 무전 연결에 들이는 시간은 안정감을 얻는 대가였지요. 커다란 장갑을 끼고 조그마한 노즐과 버튼을 돌려 본다고 상상해 보세요! 겨우 연결이 되었어도 보통은 쿵쿵거리는 소리나 지직거리는 소리를 듣는 것에서 끝났어요. 전파가 너무 약해서 거의 아무런 말도 이해할 수 없는 지경이었지요.

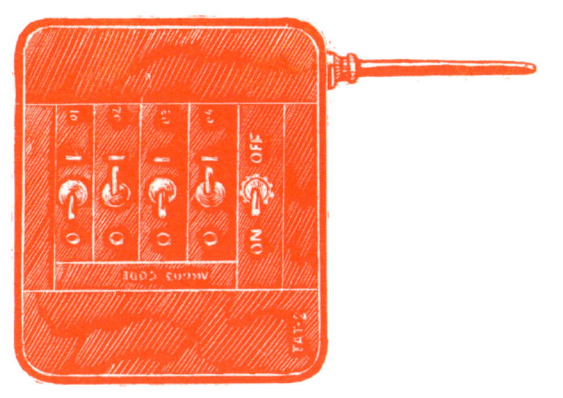

아르고스 시스템

레졸루트에 있는 베이스캠프와 연락하는 또 다른 방법은 아르고스를 이용하는 것이었어요. 아르고스는 위성 통신 장비로 간단하면서도 실패할 확률이 적어요. 위성에 메시지를 보내면 위성이 프랑스 남부, 툴르즈에 있는 센터와 연락하는 것이지요. 센터가 다시 받는 사람에게 메시지를 전달해요.

기계 자체는 초기 컴퓨터나 4바이트짜리 계산기와 비슷하게 생겼어요. 전원 스위치와 더불어 0이나 1로 맞출 수 있는 스위치 4개가 달려 있을 뿐이에요.

이 기계를 이용해 미리 정한 메시지 16개를 받는 사람에게 보내면 돼요. 날씨나 사고, 구호 요청을 전달하기에는 충분했어요.

아르고스는 직접적인 수단이지만 다정하지는 않지요. 다정한 수다는 탐험이 끝날 때까지 기다려야만 했지요.

탐험 전에 만든 코드들은 이런 것을 의미해요.

0000   모두 OK
0001   날씨 나쁨
0010   얼음 상태 안 좋음
0011   바다
0101   매우 좋은 날씨
0110   기계 또는 장비 고장 – 탐험은 계속
0111   착륙 장소를 발견하지 못함
1001   착륙 장소 발견 – 좋은 날씨
1010   방송 팀 데리고 올 것
1011   4:00에 무전 연락 부탁
1100   구호 필요
1101   무전기 고장
1110   긴급 사태 – 최대한 빨리 비행기 구조

북극의 부엌

조금이라도 가벼운 썰매를 끌려면 가장 가벼우면서 가장 칼로리가 높은 식량을 챙겨야겠지요. 하지만 하루 세끼씩 며칠이나 먹을지 정확하게 계산하기 어려웠어요. 여분을 챙겨야 했죠.

건조 식량에 뜨거운 물을 부으면 어떤 맛일까요? 맛있겠죠.
뮤즐리를 기름과 함께 먹으면요? 그것도 좋죠!
한마디로 없으면 없는 대로, 있는 걸 좋아하게 된다는 원칙에 따라 마렉과 보이텍은 집에서라면 맛없다고 했을 음식도 탐험 중에는 아주 맛있게 먹었어요.
무시무시한 추위 속에서 지쳐 쓰러질 정도로 힘을 쓴 후에는 어떤 음식이라도 맛이 있을 수밖에 없었어요.

탐험 중에는 매일 5L 정도의 물을 마셨어요. 바다에서 마실 물을 어디서 구하냐고요? 눈이나 얼음을 (다행히 짜지 않았어요) 조금 녹이기만 하면, 음료가 준비된답니다.

뮤즐리 — 가공되지 않은 곡식과 견과류. 건강에 좋고 칼로리가 높아 많은 에너지를 공급

초콜릿 — 에너지 공급. 머리 쓰는 데 도움을 주며 쉬는 시간을 즐겁게 만듦

기름 — 추위로부터 몸을 보호하며 에너지를 공급

면 — 탄수화물을 공급하며 필요한 에너지를 줌

페미컨 — 기름과 함께 말린 고기, 야채, 양념을 넣은 식량. 음식에 넣을 수도 있고 페미컨만 먹어도 됨

건조 식량 — 말린 음식. 가벼우며 물을 더하면 식사가 됨

미네랄과 비타민 — 탐험 중 끼니 외에 이런 보조제로 영양을 보충

소금 — 몸 안에 수분을 가두는 역할. 소금이 없으면 탈수 현상이 일어남

에너지 음료 — 가루에 물을 부어서 만듦. 몸에 미네랄을 공급

가끔은 몸에 좋지 않은 음식이 떠오르거나, 몸이 필요한 것보다 좀 더 먹고 싶지 않나요? 두 탐험가들도 북극의 지루한 메뉴에 자주 물리곤 했어요. 오후 1시에 초콜릿과 함께하는 시간이 하루 가운데 가장 좋은 때였어요. 가끔은 걸으면서도 문명 세계로 돌아가면 뭘 먹을지 생각하곤 했어요. 보이텍이 가장 먹고 싶었던 것은 크림이 들어 있는 롤 과자랑 커다란 통에 든 닭날개 튀김이었어요. 북극에서 그런 음식은 정말 굉장하게 느껴졌지요!

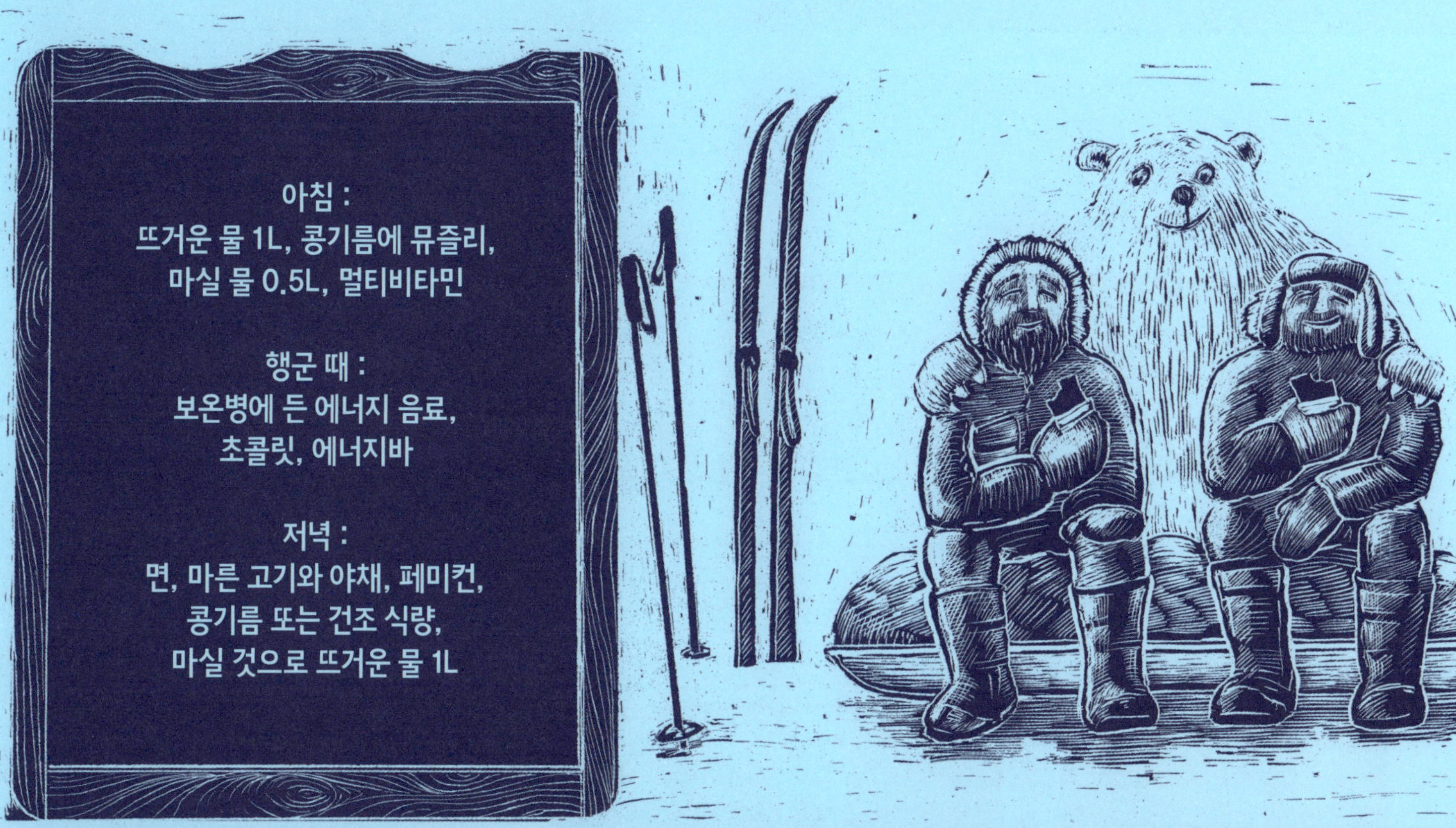
아침 :
뜨거운 물 1L, 콩기름에 뮤즐리,
마실 물 0.5L, 멀티비타민
행군 때 :
보온병에 든 에너지 음료,
초콜릿, 에너지바
저녁 :
면, 마른 고기와 야채, 페미컨,
콩기름 또는 건조 식량,
마실 것으로 뜨거운 물 1L

DRIVE THRU

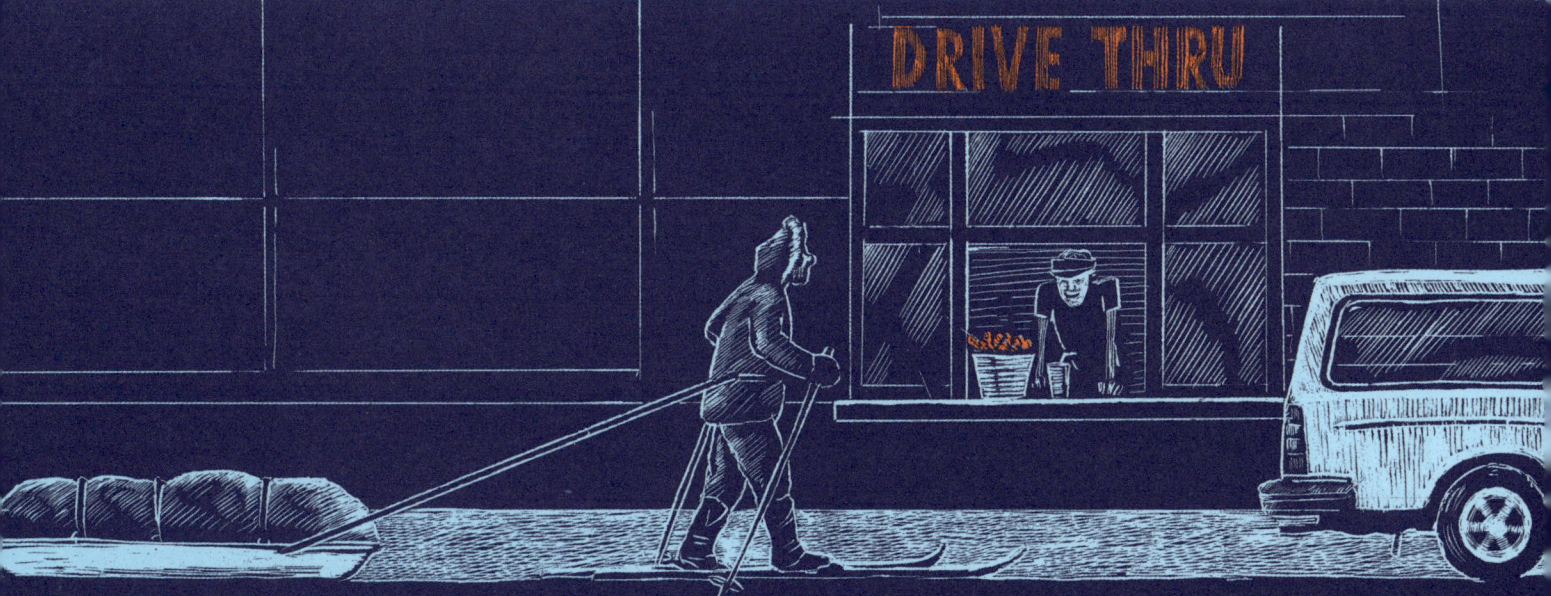

두 탐험가들은 '양파' 스타일로 겹겹이 옷을 입었어요. 겹쳐 입는 것이 추위를 가장 잘 막아 주고 최대의 적인 습기로부터 몸을 보호하니까요.

가장 아래에는 보온 속옷. 두 번째에는 털이 있는 속옷. 세 번째로 티셔츠와 털이 있는 바지. 네 번째로 바람과 물을 막아 줄 수 있는 점퍼와 바지를 입었어요.

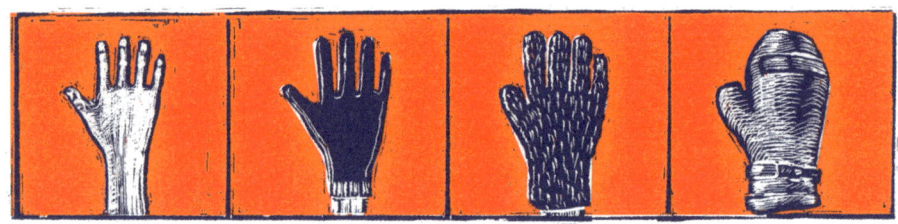

장갑도 겹겹이, 가장 딱 달라붙는 것에서부터 아주 두꺼운 것까지 껴서 손을 보호했어요. 양말 위에도 겹겹이 은박지로 감싸 발을 보호했어요.

모자와 후드로 머리를 보호하고, 코와 볼은 합성 고무로 된 마스크로 감쌌어요. 강렬한 햇볕에 눈을 보호하는 선글라스도 아주 중요해요. 날씨에 따라 뭔가를 더 쓰거나 벗을 수 있어요.

북극 탐험에 입을 옷

탐험의 성공은 마치 다 맞춰 놓은 퍼즐과 같아요. 모든 조각들이 서로 딱 맞아야 하고 단 한 가지라도 빼먹으면 안 되니까요. 적절한 복장은 이 퍼즐의 핵심이에요.

가벼우면 빨라진다

만약 책꽂이에서 책 한 권을 뽑아 책상에 내려놓는다면, 책이 0.5kg인지 1kg인지 별문제는 되지 않을 거예요. 하지만 여러분이 알다시피 탐험에서는 1g도 중요하지요.
북극 탐험이 시작된 지 21일째 마렉과 보이텍은 자신들의 복장을 정리했어요. 필요한 것은 오른쪽에 쌓고, 필요치 않은 것은 왼쪽에 쌓았어요. 더 이상 필요 없는 옷들은 얼음산 위에 펼쳐 놓았어요. 장갑, 후드, 양말, 침낭 내피, 점퍼가 바람에 날려 흩어졌어요. 다른 탐험가들이나 북극의 주민들에게 쓸모가 있을까요? 무게를 줄인 마렉과 보이텍은 가뿐하게 길을 나섰어요.

탐험의 길동무

탐험 중에 여러 동물들을 보았어요. 동물들이 많지 않았기에 만남이 더욱 소중했어요.

새

새들은 매일 우리 가까이에 있어요. 도시에서도, 시골에서도, 숲에서도 노랫소리와 깍깍거리는 소리들이 항상 들려오지요. 하지만 하얀 극지방에서 삑삑 소리를 내며 아래위로 날아오르는 작은 새 한 마리를 만나는 건 정말 놀라운 경험이에요. 가장 가까운 육지도 수백 km 떨어져 있는데, 이 새는 어디에서 날아왔을까요? 새는 마렉을 유심히 바라보고는 사진을 찍으라는 듯이 포즈를 취해 주곤 나타났을 때처럼 갑자기 사라져 버렸어요.

물범

물범이 얼음 위에 누워 있어요. 얼음 가장자리에 조심스럽게, 금방이라도 물속으로 뛰어들어 북극해의 심연 속으로 사라질 자세였어요. 물범은 잠수와 수영 실력이 뛰어나 물속에서 40분이나 버틸 수 있어서, 한번 물속으로 사라지면 다시 기다렸다 보기가 쉽지 않아요. 눈앞에 번쩍 나타났다가 바로 물속으로 사라지긴 해도, 탐험가들은 이 북극에 살아 있는 다른 생명이 있다는 사실이 반가웠어요.

북극곰

거대한 발자국이 발걸음을 멈추게 했어요. 수평 쌍대식 총은 어디 있을까요? 총은 마치 깃털이 가득한 베개처럼 눈이 가득 들어차고 얼음 조각이 잔뜩 붙은 채로 썰매에 매달려 있었어요. 길었던 15분 후 겨우 총을 준비시킬 수 있었지요. 하지만 무서웠어요. 눈을 밟는 발자국 소리가 경고하듯 울려 퍼졌고 얼음산 뒤쪽에서는 울부짖는 듯한 소리가 들려왔어요. 얼음이 그런 소리를 내는 걸까요, 아니면 북극곰일까요?

곰들은 어디에서나 나타날 수 있었어요. 이 지역에서는 물범을 잡기도 쉽지 않아 당연히 배가 고픈 상태겠지요. 곰은 아주 얇은 얼음판 위에서도 능수능란하게 움직이지요. 얼음판이 움직이는 카펫인 양 매끄럽게 움직일 수 있어요. 곰과 힘겨루기를 하는 것은 말도 안 되는 일이었어요. 북극은 곰에게는 익숙한 환경이에요. 곰은 수영도 할 수 있고 빠르기까지 해요. 거기다가 굶주려 있고요. 이번 곰은 다른 길로 간 것 같아요. 정말 다행이에요.

지진

또 다른 날이 지나갔어요. 텐트도 펼쳤고, 북극점은 몇 km 더 가까워졌어요. 따뜻하게 몸을 감싸고 둘은 미래의 계획에 대해, 가족에 대해, 옛날의 극지 탐험에 대해 이야기하고 있었어요.
갑자기 마렉이 말을 하다 멈추었어요. 모든 것이 흔들리기 시작하다 쿵 소리가 났어요. 마치 얼음산들이 싸움을 시작한 것 같았어요. 텐트 아래 얼음이 흔들리고 텐트가 옆으로 움직일 때, 마렉과 보이텍은 숨을 죽이고 가만히 있을 수밖에 없었어요. 지진, 바다에서 일어난 지진이에요. 지진이 일어날 줄이야! 잠시 후 조용해지며 안정이 찾아왔어요. 아침에 일어나 본 풍경은 전쟁이 난 것만 같았어요. 텐트가 있던 그 자리만, 얼음이 깨지지 않았어요. 다른 자리들은 모두 얼어붙은 물 위를 누군가 미친 듯이 망치질한 것처럼 보였어요.

북극 수리 센터

북극에서는 고치고 수리할 일이 계속되었어요. 장비가 추위와 행군을 견디지 못했기 때문이었지요. 마렉은 스키 끈이 떨어지자, 은색 테이프로 고쳤어요. 왼쪽 스키 신발은 창이 갈라졌어요. 이번엔 철사로 동여매었어요. 지팡이 끝도 부서졌어요. 썰매의 외벽 칠도 벗겨졌는데, 이러면 녹이 슬 염려가 있었어요. 보온병은 새고, 캠핑 스토브의 나사가 얼음 구덩이에 빠져 버려서 가스통을 다른 스토브에 고정해야만 했어요. 작은 나사 하나를 잃어버려 음식 조리가 어려워지는 것 같은 작은 사건들이 북극으로 향하는 꿈을 힘들게 했어요. 텐트마저도 극악스러운 환경에 굴복하는 것만 같았어요. 따뜻한 수증기가 갑자기 차갑게 얼어붙자, 지퍼가 찍 하고 터지고 말았어요. 이제는 텐트를 묶거나 바느질을 해야만 했어요.

신발 수선 급구

신발 없이 북극에 갈 수 있을까요? 이 질문에 대한 답은 누구나 알고 있을 거예요. 마렉 카민스키의 신발은 탐험 중에 터지고 말았어요. 그냥 보통 신발이 아니라 특별히 북극 탐험을 위해 맞춤 제작한 신발이었어요. 힘든 여건에서 기나긴 여행을 견딜 수 있도록 만들어졌음에도 낮은 기온에서 오랜 시간 동안 스키 위에서 앞뒤로 움직이다가 끝내 버티지 못하고 신발의 껍데기가 날아가고 말았어요. 한 겹, 두 겹, 그리고 완전히 벗겨지고 말았어요. 가장 쉬운 방법이 가장 나은 해결책이었어요. 마렉은 신발을 끈과 스키 끈으로 고정시켰어요. 그리고 둘은 다시 걷기 시작했어요.

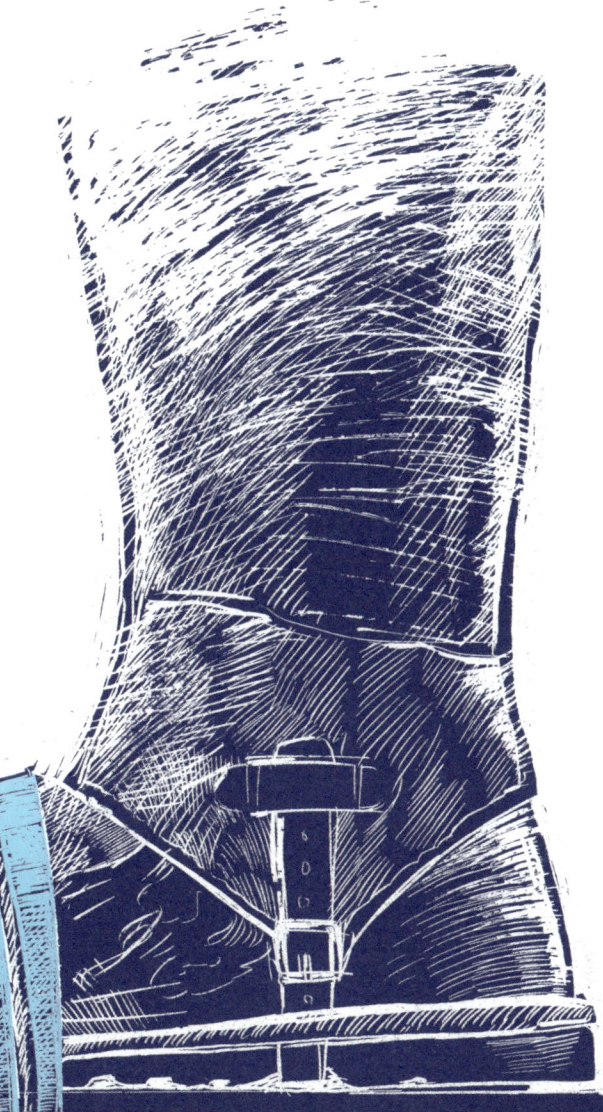

추위가 공격해 올 때

하나 둘, 하나 둘. 어깨를 돌리고 뛰어요. 얼굴을 문지르고 손가락을 움직이고 물기를 털어 내는 것처럼 팔을 털어요. 손가락, 뺨, 코를 데워요. 몸 곳곳으로 피가 돌아야만 하니까요. 추위로부터 몸을 보호해야 해요. 추위는 북극에서는 일상이었어요. 가끔은 영하 40도, 어쩔 때는 영하 20도 정도밖에 안 되기는 했지만 점퍼와 텐트 속으로 늘 추위가 파고들었어요. 절대 잊을 수 없는 추위예요.

피부가 빨갛게 되어 아프기 시작하면 매우 얼었다는 표시예요. 핏기 없이 창백해지면, 녹은 거예요. 얼굴 피부가 이렇게 얼었다 녹았다 하는 것을 막기는 힘들었어요. 둘은 동상이 생긴 자리에 밴드를 붙였어요. 신체 끝부분, 손가락이나 발가락의 동상은 아주 위험해요. 손이나 발이 아파 오다가 감각이 없어지면 그것은 곧 동상이 걸릴 신호였어요.

치과 치료

이가 아프면 치과에 가지요. 치과와 아주 멀리 떨어져 있는 북극해 한가운데서 보이텍에게 치통이 찾아왔어요.
같이 있는 사람이 치과 의사라고 해도, 장비 없이는 보이텍을 도울 수 없을 거예요. 보이텍은 입을 크게 벌리고 멀티툴을 사용하여 혼자서 이를 뽑았어요. 북극점을 정복하는 것이 가지런한 이를 드러내고 웃음을 짓는 것보다 더 중요했으니까요.

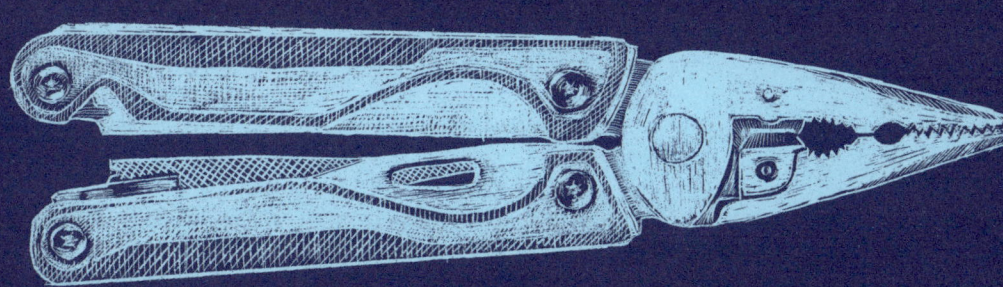

수많은 상처와 처치

발이 신발에 닿아 쓸리면 신발을 벗고 다른 신발을 신으면 곧 아프지 않겠지요. 하지만 북극 탐험 중에는 그렇게 할 수 없었어요. 여분의 신발도 없었고 발을 바깥에 내놓았다가는 바로 얼어붙을 테니까요.
그러니 이를 악물고 (남아 있는 이를) 고통을 모른 척하며 앞으로 나아갈 수밖에 없었어요. 이미 발은 쓸리고 부딪쳐 엉망이었지만요.

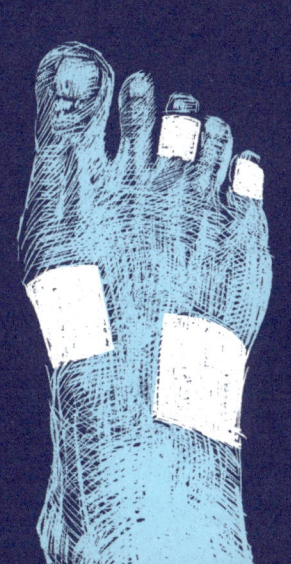

끝없는 길 찾기

탐험이 시작되고 수십 일이 지난 뒤 마렉과 보이텍은 몹시 피로했어요. 지금까지의 고생이 다 헛되이 되면 어쩌나 하는 두려움도 있었지요. 헤매거나 길을 잃지 않고 가장 덜 힘든 길로 가는 것이 중요했어요. 성공 확률을 높이기 위해서요. 하지만 주위를 둘러싼 것이 물과 얼음, 눈밖에 없을 때 어떻게 길을 찾을 수 있을까요?

걸으면서는 주위를 관찰하고 길 찾기 도구를 사용해요. 태양이 빛날 때가 가장 좋지요. 그때는 방향이 맞는지 그림자를 보기만 하면 되니까요. 바람도 많은 것을 가르쳐 주었어요. 어느 쪽에서 불어오는지 알 수만 있다면, 눈이 쌓인 모양이나 구름의 움직임을 보고 걷는 방향을 잡을 수 있었어요.

하지만 해도 바람도 없는, 흰빛으로만 둘러싸인 날들도 있었어요. 그럴 때면 동서남북이 어딘지 알 수 없었지요. 안개 때문에 방향 감각을 잃고 어디가 어딘지 모르는 날들도 있었어요. 그럴 때면 길을 알려 주는 단순한 장비들이 도움이 되었지요. 걷는 방향을 알려 주는 가장 간단한 장비는 나침반이었어요. 마렉은 보통 허벅지에 나침반을 붙여 놓았어요. 주머니에서 꺼내 보려고 걸음을 멈추거나 장갑을 벗지 않기 위해서였지요.

하지만 안개가 너무 자욱해서 50cm 앞도 안 보인다면요? 그럴 땐 나침반을 더욱더 가까이 들이대어야 했어요. 그래서 강력 테이프로 나침반을 숟가락 머리에 붙인 후 점퍼 앞주머니에 숟가락을 꽂고 다시 테이프로 고정했어요. 이제는 나침반이 보여요! 저녁이 되면 텐트 안에서 두 사람은 GPS(인공위성을 이용하여 위치를 파악하는 시스템)로 위치를 확인하고 지도에 표시를 한 후, 다음 날 갈 길을 정했어요.

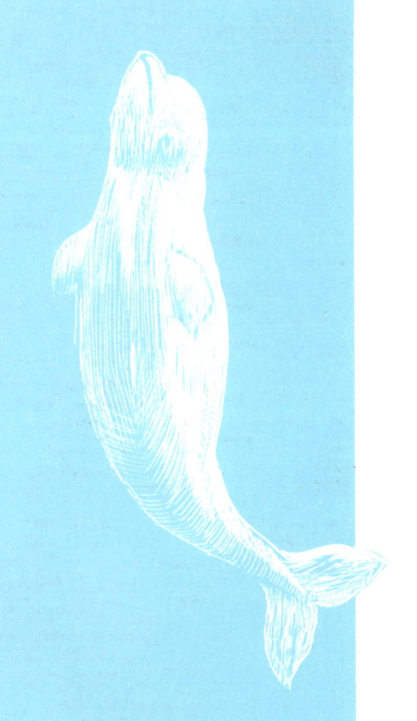

50km

북극점은 점점 더 가까워졌어요. 직선거리로는 50km 밖에 남지 않았어요. 조건만 좋다면 하루나 이틀이면 도달할 수 있는 거리였어요. 그런데 갑자기 둘 앞에 바다가 나타났어요. 마렉과 보이텍은 잠시 멈추었어요. 북극점을 향한 꿈, 여기서 끝일까요? 얼음 끝까지 걸어갔을 때에야 물 위에 떠 있는 얇은 얼음판이 보였어요.
툭, 툭, 툭. 막대로 세 번 치자 얼음이 갈라졌어요. 둘은 위험을 무릅썼어요. 천천히, 온몸의 무게를 얼음판에 고르게 분산하며 조심스럽게 썰매를 끌고 갔어요. 운이 좋았는지, 얼음은 깨지지 않았어요.

탐험 71일째 되는 날, 마렉은 지나온 길을 GPS에서 살펴보았어요. 그리고는 나침반과 비교해 보았더니 158도를 가리키고 있었어요. 왜 그럴까요? 곧장 북극점을 가리키는 것이 아니라 왜 남서쪽 방향으로 되어 있는 걸까요? 이유는 여러 가지였어요. 지구 자기장의 극점, 나침반이 가리키는 부분은 지리상의 북극점과 일치하지 않아요. 극점에 가까이 갈수록 이 차이는 더욱더 크게 느껴지지요. 더한 것은, 자기장의 극점은 이동하며 그 위치가 바뀌어요. 1995년에는 자기장의 북극점은 캐나다의 엘레프 링네스 근처에 있었어요.*
만약 두 사람이 나침반을 따라갔더라면 처음 탐험을 시작한 곳으로 돌아갔을 거예요. 다행히 둘은 이런 사실을 알았고 극점을 찾아 줄 다른 장비들도 있었어요.

*2020년 자기장의 극점은 시베리아 쪽으로 1년에 55km의 속도로 움직이고 있어요.

SAT
NORTH POLE
SE
NE
S
N
MS
MN
M
자기장의 북극점
N
M
E
S
지리상의 북극점

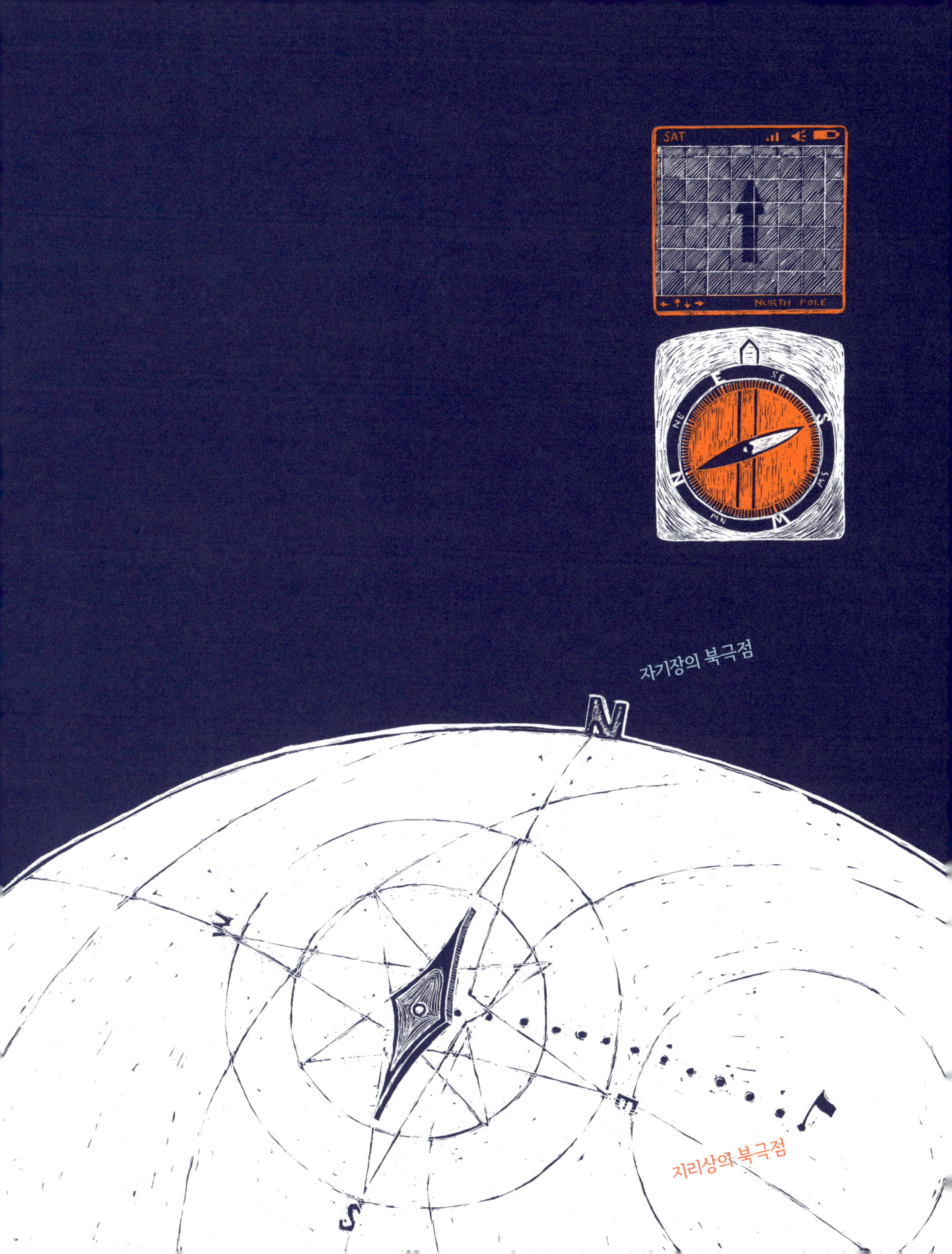

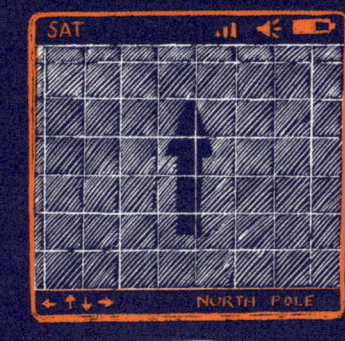

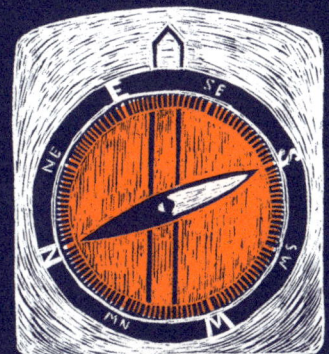

점점 더 가까이

바라고 바라던 목적지는 이제 정말 얼마 남지 않았어요. 하지만 남은 구간도 지금까지 온 길과 똑같이 위험했어요. 얼음산, 크레바스 그리고 어려운 위치 찾기. 갈 길은 자꾸만 바뀌었어요. 얼음은 점점 더 약해지고, 조그맣고 큰 덩어리로 뭉쳤다 흔들흔들하다 꺾어지곤 했어요. 결국은 자잘한 얼음 조각과 눈이 녹은 물로 바뀌었어요. 한 발짝 내디딜 때마다 마렉은 더 깊이 빠져들었고 아래는 바로 북극해의 심연이었어요. 마렉은 크레바스 끝에 있는 종잇장처럼 얇은 얼음장을 붙들었어요. 천천히 스키 폴의 매듭에서 손을 풀고 썰매를 풀었어요.

"휴."

최소한 썰매가 마렉을 심연으로 끌고 가지는 않았어요. 그러고는 1cm씩 차가운 물 밖으로 나왔어요. 완전히 젖었지만, 다행히 크레바스의 다른 쪽 끝에 다다랐어요. 썰매를 끌어당기고, 다시 스키 폴의 매듭에 손을 묶고 걷기 시작했어요. 무슨 일이 있을 수 있었는지 생각하지 않기로 했어요. 머릿속에는 오로지 북극점만이 있었지요.

얼기설기 얽혀 있는 크레바스는 끝이 없었어요. 마렉과 보이텍은 천천히 하나하나를 넘어갔어요. 미로는 끝이지 않고, 크레바스가 있던 자리에는 하나씩 얼음산이 자리하기 시작했어요. 마렉은 일기장에 썼어요. '이곳에서 북극점은 나를 절망시켰다. 완전히 때려눕힌 것이다. 모든 것이 너무나 끔찍하고 힘들다. 풍경을 보기만 해도, 엄청난 피곤함이 몰려온다. 머릿속에는 한 가지 생각밖에 없다. 오늘 도달한다.'

북극점

1995년 5월 23일 화요일 밤, 새벽 두 시가 가까워 왔어요. 마렉과 보이텍은 목적지 가까이에 있었어요. 나침반과 GPS가 미친 듯이 움직였어요. 북극점을 가리켰다가, 다른 자리를 가리켰다가 했어요. 집중을 하고 천천히 주위를 잘 살펴야 했어요. 결국은 도달한 것이에요.

북극점.
지구의 자전축이 지나가는 곳.

마렉과 보이텍은 서로를 얼싸안았어요. 72일 동안 이어진 행군, 희망, 고통, 피로, 위험을 지나 마렉 카민스키와 보이치에흐 모스칼은 폴란드인으로서는 첫 번째로 지구의 가장 북쪽 끝에 다다른 거예요.

꿈에도 그리던 그곳에 다다른 후에는 이제 남쪽으로 가는 수밖에 없었어요. 둘은 베이스캠프에 전갈을 보냈어요.
"ALL OK."
친구들이 두 사람의 위치를 읽고, 북극 정복을 알게 될 거예요. 이제는 비행기가 착륙할 수 있는 적당한 자리를 찾는 일만 남았어요.
크레바스와 얼음산이 없는 긴 활주로로 쓸 수 있는 자리요. 그런 자리를 찾아내고 보이텍과 마렉은 탐험 마지막 밤을 북극성 아래 누워 보냈어요. 작은 빨간 트윈 오터 비행기가 다음 날 둘을 안전한 육지로 데리고 갔어요. 이제는 축하할 일만 남았지요.

소란

환영 인사, 축하, 인터뷰와 만남은 며칠 동안 계속되었어요. 모두 두 탐험가의 이야기를 듣고 싶어 했어요. 끝없는 설원, 흰색, 빙하가 깨지는 소리는 기억으로만 남았고 이제 주위에는 수많은 사람들과 이야기를 나누는 시끄러운 소음들, 샴페인의 코르크를 따는 소리로 가득했어요. 둘은 영웅이 되어 집으로 돌아온 거예요. 그래도 마법과 같은 북극의 기억은 둘을 떠나지 않았어요.

마렉 카민스키는 아쉬웠어요. 아직은 만족할 수 없었어요. 무언가를 하는데, 그만둘 수 없을 때 드는 기분 알죠? 다시 한번만 더 해 보고 싶은, 한번 더 시험해 보고 싶은 마음이요. 마렉은 바로 그런 기분이었어요. 북극을 정복했을 때 몹시 기뻤지만 무언가를 더 원했어요.

'혹시 그럼 남극도 갈 수 있지 않을까? 지금 바로, 당장 올해에?'

무언가가 마렉을 몰아세우는 것만 같았고, 남극은 마렉을 유혹했어요.

남극점

남극점은 지구상에서 가장 춥고 가장 가기 힘든 남극 대륙에 자리하고 있어요. 북극은 바다를 통해 가지만 남극은 육지로 가야 해요. 더욱이 북극과 비슷하게, 평지를 가는 것이 아니라 추위와 바람 속에 크레바스, 벼랑, 언덕과 높은 얼음산을 지나야 하지요. 하지만 남극에서는 진짜 호사가 여행자를 기다리고 있답니다. 그건 남극점에서 100m 떨어진 곳에 아문센-스콧 남극점 기지가 위치해 있기 때문이에요. 여행자를 뜨거운 물과 정다운 대화로 따뜻하게 맞아 주지요. 과학자 수십 명과 탐험가들은 새로운 사람을 마치 다른 세상에서 온 사람처럼 대접해요.

남극 탐험의 준비

폴란드로 돌아온 후 마렉 카민스키는 홀로 남극 탐험 준비를 바로 시작했어요. 이번에는 자신만을 의지하여 1,400km를 가야 했어요. 마렉은 남극 대륙에 갔던 다른 탐험가들의 자취를 좇으며, 어니스트 섀클턴과 로알 아문센의 회고록을 분석했어요. 로버트 스콧의 실패한 탐험에 대해서도 읽었어요. 살아남기 위해 다양한 탐험가들의 이야기와 경험을 이용하려고 했어요.

정보를 모으고 지도를 연구했어요. 마렉은 이미 탐험에 꼭 필요한 장비를 꽤 많이 가지고 있었고, 야영을 할 줄도 알았고, 음식을 준비하고 상처를 치료할 줄도 알았어요. 눈의 상태를 읽거나 얼음 위를 이동하거나 추위를 견디는 법도 알고 있었어요. 북극 탐험에 성공한, 이미 경험을 쌓은 탐험가인 마렉에게 기업들은 기꺼이 새로운 탐험을 위한 자금을 내주었어요.

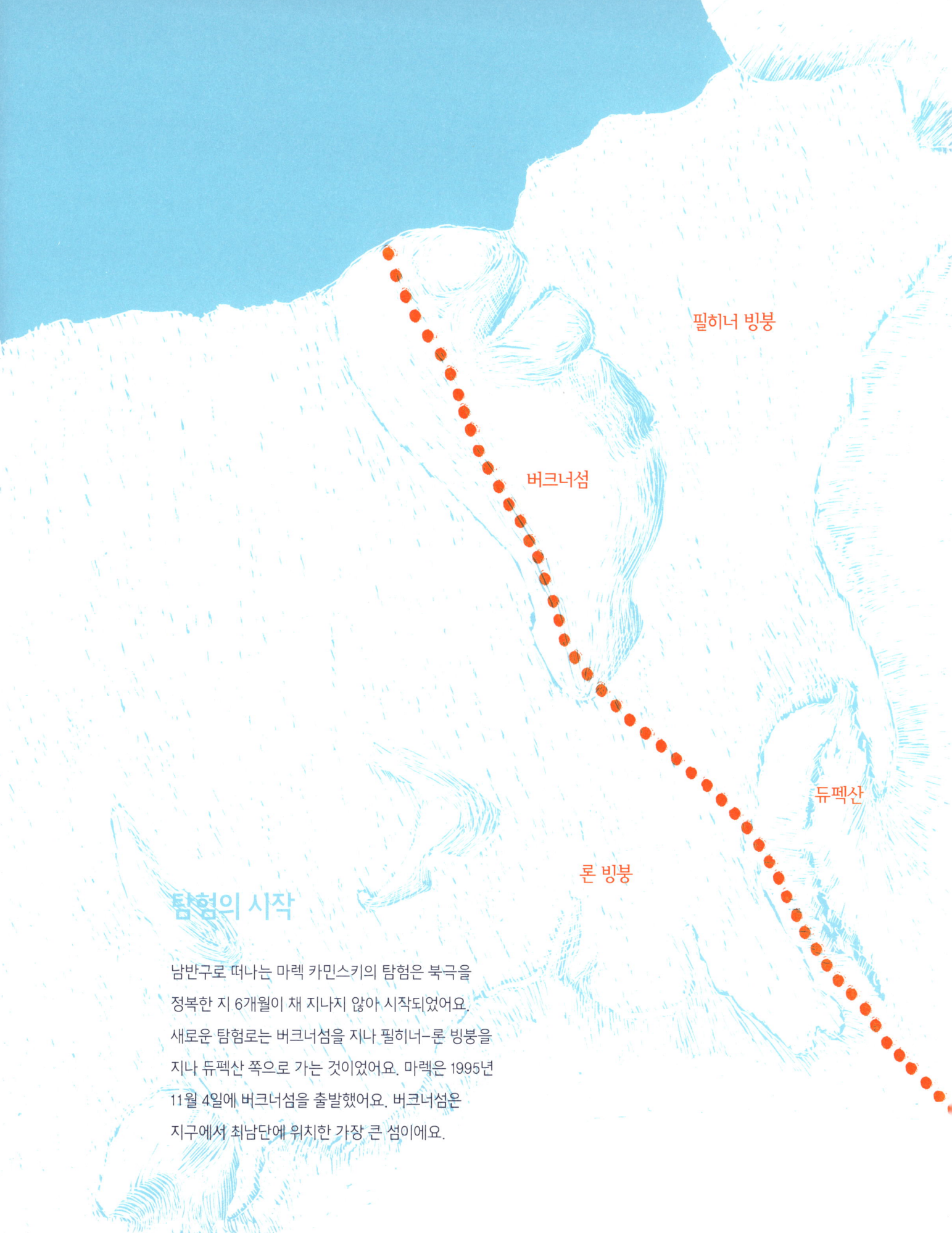

술래잡기 놀이

짙은 흰색 구름을 손으로 헤치며 앞으로 나아가는데 바람이 얼굴을 향해 똑바로 불어온다고 생각해 보세요. 자신의 손도, 발도, 스키도 보이지 않아요. 단지 지구의 중력으로 어디가 아래이고 위인지만 알 수 있을 뿐이에요. 시간이 좀 지나면 아무것도 보이지 않는 상태에서 떠다니는 듯 느껴져요. 어쩌면 계속해서 한자리를 돌고 있을지도, 아니면 바다에 곧 빠지게 될지도 모르는 상황이에요.
버크너섬에서 마렉 카민스키는 계속해서 바로 이런 기분이었어요. 버크너섬은 눈보라로 유명했고 절대로 멈추지 않는 바람이 부는 곳이었어요. 어쩌다 한 번씩만 태양이 빛났어요.

빙붕

상황이 좋지 않을 때는 머리를 맑게 하고 거리를 두고 스스로를 바라보며, 어두운 생각에 빠지지 않도록 해야겠지요. 이를 악물고, 나쁜 기운은 물러갈 거라고 믿으며 한 발짝씩 앞으로 나아가야 해요. 숫자 세기가 도움이 되어요. 피로나 고통, 추위에만 집중하지 않도록 해 주지요. 걷기에 리듬을 더해 주고, 위험과 어려움에 대한 걱정에서도 벗어날 수 있어요. 마치 잠이 오지 않을 때 양을 세는 것처럼, 숫자에 집중하는 것은 마음을 안정시키고 머리를 정화해 주어요.

숫자 세기가 아니라면 움직임에 정신을 집중하는 방법도 있어요. 어떻게 다리를 들어야 가장 좋을지, 팔은 얼마나 뻗는 것이 나을지 살펴요. 쓸데없는 움직임은 모두 에너지 낭비니까요.

"으악! 멈춰. 크레바스야."
다시 머리를 제자리로 하고, 집중을 해야 해요.
빙붕은 아주 거대한 얼음덩어리로 일부분은 물에 잠겨 있고 일부분은 물 위로 떠 있으며 바다를 만나 얼어붙어 있어요. 얼음덩어리와 육지가 만나는 곳에는 아주 깊은 크레바스들이 이뤄져요. 마렉은 아주 조심해야 했어요. 만약 크레바스에 빠지면 혼자라 아무도 도와줄 수가 없으니까요.

듀펙산

지평선 위에 듀펙산이 어른거렸어요.
150km 바깥에서도 산은 보였어요.
흰색의 배경에 나타난 먼, 검은 점.

100kg이 넘는 썰매를 끌고 어떻게 1,200m를 오를 수 있을까요? 그런 산을 오르려면 가벼운 등산복을 입고도 헉헉거릴 텐데요. 이 모든 옷을 겹겹이 껴입고, 이 무거운 짐을 가지고, 이 추위에 어떻게 산을 오를까요? 마렉은 어려운 결정을 해야만 했어요. 장비를 한 번에 다 가지고 갈 수 있을까요? 그건 안 될 것 같았어요.
천천히 간다고 해도 100kg이 넘는 짐을 한 번에 끌고 갈 수는 없었어요. 그래서 일부는 남겨 놔야 했어요. 어떻게 짐을 다시 싸야 할까요? 두 번에 걸쳐 끌고 와야 하는데 잠시라도 떼어 놓을 수 없는 장비는 무엇일까요? 만약 날씨가 갑자기 변하거나, 그날 다시 한번 산을 넘을 만큼 힘이 남아 있지 않으면 어떻게 하죠?

나침반과 침낭, 연락 장비인 아르고스, 눈삽과 구급 방열 팩을 놓고 갈 순 없었어요. 산기슭에 펼쳐 놓은 텐트 안에 장비 일부를 남겨 놓고, 바람에 날려 가지 않도록 얼음장으로 텐트를 눌러놓았어요. 그러고는 나머지 장비와 스키를 썰매에 싣고 산을 오르기 시작했어요.
산은 가파랐고, 가는 길은 점점 더 힘들었어요. 마렉은 자꾸 미끄러지는 길에서 아이젠을 신발에 찼어요. 썰매가 많이 가벼워져 그 무게 때문에 아래로 쏠려 내려갈 일은 없을 거라 생각했어요. 그때, 갑자기 한쪽 발이 아래로 쑥 빠졌어요. 디딜 곳이 없었어요. 마렉은 멈췄다가 모든 근육을 다 사용해서 온몸에 무게를 조심스럽게 분산시켰어요. 그제야 눈 위로 크레바스의 선이 뚜렷하게 보였어요. 최대한 완만한 길을 골랐는데도, 얼음이 갈라지고 벌어져 있었던 거예요. 마렉은 주의해서 바닥이 좀 더 단단한 바위 쪽으로 몸을 옮겼어요. 겨우 평평한 고원에 다다랐어요. 짐을 풀고 야영을 할 장소를 막대로 표시하고 다시 천천히 아래로 나머지 장비를 가지러 내려갔어요.
두 번째는 이미 길을 알고 있었기 때문에 오르기가 조금 더 쉬웠어요. 마렉은 힘겹게 다시 한번 산을 올라 텐트를 펼쳤어요. 뭔지 모를 뿌듯함에 기분이 나아졌어요.

홀로
하지만 외롭지 않게

걸을 때, 보통 생각에 사로잡히지요. 가끔 생각은 바람에 빙글빙글 날리는 홀씨처럼 가벼워요. 그럴 때는 느긋하게 공상에 빠지기도 해요. 어떤 날, 생각은 누군가 억지로 우리의 머릿속에 욱여넣은 아령처럼 무겁고요. 그때는 아무것에도 집중할 수가 없죠. 가끔 마렉은 아무 걱정 없이 그냥 길을 걸었어요. 그럴 때면 친구들이나 아는 사람과 함께 걷는 것 같았어요. 텐트에서 밤마다 읽던 톨킨의 《호빗》 때문이었는지, 남극점으로 프로드 배긴스와 간달프와 골룸과 함께 가고 있는 듯한 기분도 들었어요. 하얀 풍경 속에 이상한 괴물들과 고블린, 위협적인 오크가 나타나기도 했어요. 끝없는 지평선에는 무성한 나무로 빽빽한 비밀스러운 숲, 초록 이파리들이 넘실거리는 들판, 바위투성이의 산이 나타났어요. 상상의 힘이 뻗쳐오를 때, 걷기는 가장 즐거웠어요, 걸음이 느껴지지 않을 정도로요. 피로와 고통과 추위는 더 이상 상상에 빠진 마렉을 괴롭히지 않았어요.

눈! 눈! 눈!

남극 탐험은 여러 가지 놀라움을 선사했어요. 그중 하나는 자주 눈이 내린다는 것이었어요. 보통 눈이 내리면 즐거워요. 하지만 마렉은 눈싸움을 함께할 친구가 없었어요. 무거운 짐을 끌고 깊은 눈 더미 속을 헤치고 가야 하는 힘든 도전일 뿐이었어요. 게다가 어쩔 때는 눈이 너무 심하게 내려서 아무것도 보이지 않았어요.

거대한 눈의 고원을 지나가는 길은 평평하지도 똑바르지도 않았어요. 조금 나아갈 때마다 바람이 만들어 낸 크고 작은 눈 더미들이 나타났어요. 50cm, 가끔은 1m나 2m가 되기도 했어요. 눈 더미라기보다는 거의 언덕에 가까웠어요. 마렉은 이런 걸 조상님이라고 불렀어요. 조상님들은 길을 힘들게 만들었고, 발은 울퉁불퉁한 바닥을 딛느라 점점 더 아파 왔어요.

풍경은 아름다웠지만, 걷기는 쉽지 않았어요. 하지만 무언가가 계속 일어나고 있었기에 지루하지 않았어요. 마치 누군가 평원에 눈 덩어리를 마구 흩뿌리는 것만 같았어요. 놀이이기도 했지요. 계속해서 걸으며 눈 더미가 어떤 모양인지 상상했어요. 조개, 칼, 냄비….
'이건 자동차 위에 덮인 눈 같은걸!'

햇무리

해를 둘러싸고 있는 눈부신 빛의 테두리를 본 적 있나요? 이런 것을 햇무리라고 해요. 지구상 어디에서 봐도 인상적인 광경이지만, 극점에 가까운, 오로지 눈으로 뒤덮인 벌판에서 보는 광경은 마치 마법과 같아요.
어느 날 마렉은 에너지바를 먹으며 쉬다가 햇무리를 보았어요. 마치 그림 같은 햇무리를 보자니, 이런 광경을 보기 위해서라면 탐험의 위험을 감수할 수 있겠다 싶었어요.

태양, 계속해서 태양

세상에서 가장 햇볕이 많이 드는 곳은 어딜까요? 당연히 극지방이죠! 물론 구름이 없는 반년 동안만요.

적도에서 더 멀리 북쪽이나 남쪽에 살수록 여름에는 낮이 길어지고, 겨울에는 낮이 짧아져요. 극지방에서 이러한 현상은 훨씬 더 심해요. 여름에 태양은 절대 지지 않고, 겨울엔 뜨지도 않지요. 한여름인지 아니면 한겨울인지에 따라 태양은 수평선이나 지평선 위에나 아래에 있을 뿐이죠. 겨울이 다가오면, 태양은 더 희미해지며 천천히 숨지만 많은 나날 동안 아직은 희미한 빛이 남아 있어요. 이런 석양은 북쪽에서는 12월 22일에 찾아오고, 남쪽에서는 6월 22일에 찾아와요. 24시간 이어지는 극점의 밤은 몇 주씩이나 계속되어요. 이때는 극점에서 2,000km는 떨어진 곳에서야 태양을 볼 수 있어요.

극점으로 가는 탐험 역시 이런 점을 주의해야만 해요. 태양이 없으면 훨씬 추울 테고 암흑 속에서 바다나 빙하를 건너고 싶은 사람은 없겠죠. 그래서 북극점에 도달할 최고의 시간은 이미 태양이 늘 떠 있지만 아직 빙하를 녹이지 않는 3월부터 5월까지의 봄이에요. 남극은 10월부터 12월까지예요. 남극에 봄이 오면 여러 탐험대와 극지 연구 센터로 돌아오는 연구자들로 활기가 가득해요.

필요는 발명의 어머니

하루 종일 태양이 지지 않으면 걷기에는 좋지만 밤에는 힘들어요. 환한 햇빛과 뜨거운 열이 잠을 방해하고요. 마렉 카민스키는 텐트 안에 줄을 치고 거기에 오리털 파카와 후드 티, 바지, 장갑을 걸었어요. 이렇게 만든 구조물은 아주 효과적으로, 탐험가가 태양으로부터 쉴 수 있도록 해 주었어요.

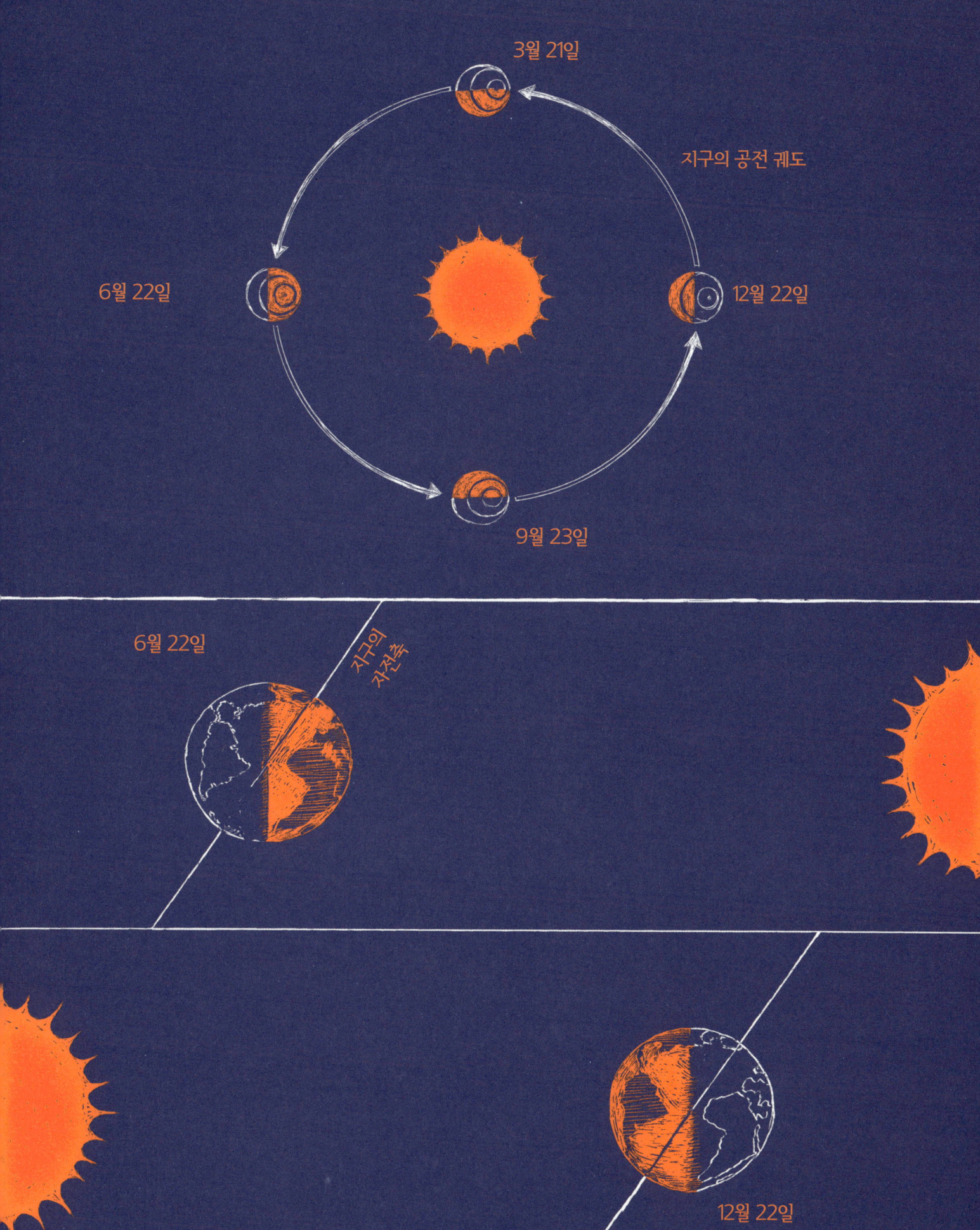

차분한 크리스마스

머릿속은 온통 크리스마스. 문명이 있는 곳에선 얼마나 즐거울까요, 친구들과 함께, 가족과 함께.
'피에로기(폴란드식 만두)는 누가 만들지?'
'올해는 트리로 생나무를 쓸까, 화분에 심긴 전나무는 어떨까?'
'산타 할아버지는 올까? 카드를 쓰고 월계관을 그려 드리면, 동생이랑 싸운 건 잊어 주실까?'
'장터. 크리스마스 장터에 뭘 준비해 갈까?'
북적북적한 사람들, 음악, 교회의 말구유, 알록달록한 조명들, 은박지, 종이, 포장, 세일, 광고. 소란, 시끌벅적한 말소리, 크리스마스 캐럴, 모두가 섞여 있겠지요.
마렉은 종일 지금 폴란드에서는 어떻게들 하고 있을지 생각했어요. 성탄 미사를 드리고, 덕담을 건네고, 모두 앉아서 함께 식사를 하며 캐럴을 부르겠지요.
혼자서 남극 탐험을 떠나와서야 마렉은 크리스마스에 대해 성찰할 수 있었어요. 정신없는 떠들썩함은 없이 끝없는 고요를 통해 자신 안으로 깊은 여행을 할 수 있었어요. 스스로가 누구인지, 왜 극점 탐험을 위해 목숨을 거는지와 같은 중요한 문제에 대한 답을 찾아 보았어요. 남극 탐험을 떠나와서야, 사람들과의 만남과 친구들을 기억할 시간이 생겼다는 것이 우습지만, 떠들썩한 집에서보다 그들의 존재가 더욱 잘 느껴졌어요. 마렉은 아르고스를 켜서 두 시간마다 한 번씩 전갈을 보냈어요. 이렇게 친구들과 가족들에게 자신이 가까이 있다는 것을, 자신에게도 이날은 특별하다는 것을 전했지요.
극지방에서 차린 크리스마스 음식은 소박할 수밖에 없었어요. 마렉은 언제나처럼 페미컨, 파스타, 건조 야채, 콩기름을 먹었어요. 하지만 크리스마스라 특별히 파스타는 두 배로 더 넣고, 에너지바와 초콜릿을 더 먹었답니다. 그리고 크리스마스 캐럴을 부른 후 행복하게 잠들었어요.
아름답고 차분한 크리스마스였어요.

마지막 고군분투

남극점은 북극점과는 전혀 달라요. 나침반을 들고 계속해서 움직이며 자리가 변하는 얼음 위에서 지구의 자전축이 지나가는 자리를 찾을 필요도 없어요. 1957년 이후 남극점에는 미국의 연구 관측 기지인 아문센-스콧 기지가 자리하고 있어요. 이 기지에는 최대 250명까지 머물 수 있어요. 천문학, 천체물리학, 지질학, 기후학, 빙하학 등을 연구하는 학자들이 살고 있지요. 살기에는 이상한 장소이지만 극지의 밤에서 여섯 달 동안 끝나지 않는 낮으로 바뀌는 8월 중순부터 기지는 많은 사람들로 붐벼요. 10월부터는 거의 하루에 몇 대씩 비행기들이 사람과 물품을 실어 오고요.

마지막 고군분투. 이제 마렉 앞에는 눈이 잔뜩 쌓인 먼 길이 있었어요.
38km, 35km, 17km···.
꽁꽁 얼어붙은, 길도 없는 곳을, 계속해서 나아가야만 했어요. 구멍 난 신발을 신고 발에 상처가 난 채로. 마치 머리가 남극점을 향해 나아가고 있고, 몸이 그 뒤를 질질 끌려 따라가는 것처럼.

남극점

남극점에 가까워질수록 마렉의 마음에는 기쁨과 함께
슬픔이 스며들었어요.
이제 손만 뻗으면 닿을 곳에 목적지가 있었지만 동시에
무언가는 끝난 것이지요. 많은 것을 요구했던, 하지만
너무나 아름답고 유혹적이었던 길. 이 53일 동안 마렉은
앞으로 다시는 보지 못할 풍경들을 지나쳐 왔어요. 기억
속에서만 다시 돌아갈 수 있겠지요. 그 여러 달 동안
꿈꾸었던 그 목적은 무엇이었을까요? 그것은 단지
지구의 가장 남쪽, 뾰죽 튀어나온 점에 지나지 않아요.

미래

남반구에서 자전축이 통과하는 그 지점에는 커다란 유리 구슬이 놓여 있어요. 그곳에 다다른 사람이라면 마치 거울처럼 그 안을 들여다볼 수 있죠.
마렉 카민스키에게 그것은 이상한 순간이었어요. 그렇게 오랫동안 혼자서 걸어온 끝에 자기 얼굴을 들여다본다고요? 마렉은 수염이 덥수룩한, 웃는 자기 얼굴을 보고 끝없이 기뻐하며 안도감을 느끼면서도 마음 한편에는 또 다른 생각이 어지럽게 엇갈리고 있었어요.
'앞으로는 무얼 하지?'

에필로그

마렉 카민스키는 1년 안에 북극과 남극을 모두 정복한 역사상 최초의 사람이 되었다. 이러한 업적 때문에 다음 탐험을 조직하기 쉬워졌다. 그럼에도 어디를 갈 것인지, 그리고 왜 갈 것인지에 대한 질문을 언제나 스스로에게 새롭게 던지곤 한다. 영감을 주는 도전, 마렉 카민스키는 자신 앞에 계속해서 새로운 목표를 던진다.

마렉 카민스키의 중요한 탐험들

1972	8살에 그단스크에서 우츠까지 기차를 타고 감
1979	15살에 그단스크에서 덴마크로 화물선을 타고 감
1987	멕시코 여행, 재규어 두 마리와 마주함
1990	스피츠베르겐섬으로의 탐험
1993	보이치에흐 모스칼과 함께 폴란드인으로는 처음 그린란드 횡단 (35일 동안 600km)
1995	보이치에흐 모스칼과 함께 북극 정복 (72일 동안 770km)
1995	홀로 남극 정복 (53일 동안 1,400km)
1996	홀로 남극 횡단 시도
1998	아프리카의 킬리만자로산, 오스트레일리아의 코지어스코산 정복
1999	오스트레일리아의 깁슨 사막을 최초 횡단 (46일 동안 860km)
2000	아마존강의 수원으로 탐험
2003	팔레스타인과 이스라엘 지역에 있는, 성경에 나오는 성지 여행
2004	'함께 극점으로' 야섹 멜라라는 15살의 장애인 소년과 함께 북극과 남극 탐험
2005	'아기와 함께' 딸 폴라와 함께 폴란드 일주
2015	'세 번째 극점' 칼리닌그라드에서 산티아고 데 콤포스텔라까지 성지 순례 (144일 동안 4,000km)
2018	'자취 없는 여행' 폴란드에서 일본까지 전기차로 왕복 (시베리아, 고비 사막, 중국을 지나 30,000km)
2020	'파워 4체인지 휴먼 원정' 팬데믹 시대 밖으로 나가지 않는 세계 일주

북극과 남극을 모두 정복한 후 1996년 마렉 카민스키는 어린이와 청소년을 위한 마렉 카민스키 재단을 만들었다. 재단은 젊은이들이 한계를 깨고 꿈을 실현할 수 있도록 도움을 주었다. 무엇보다도 스스로 탐구하여 자기 자신의 갈망을 발견하고, 이를 키워갈 수 있도록 했다. 프로그램의 이름은 '자기만의 극점 찾기'이다.

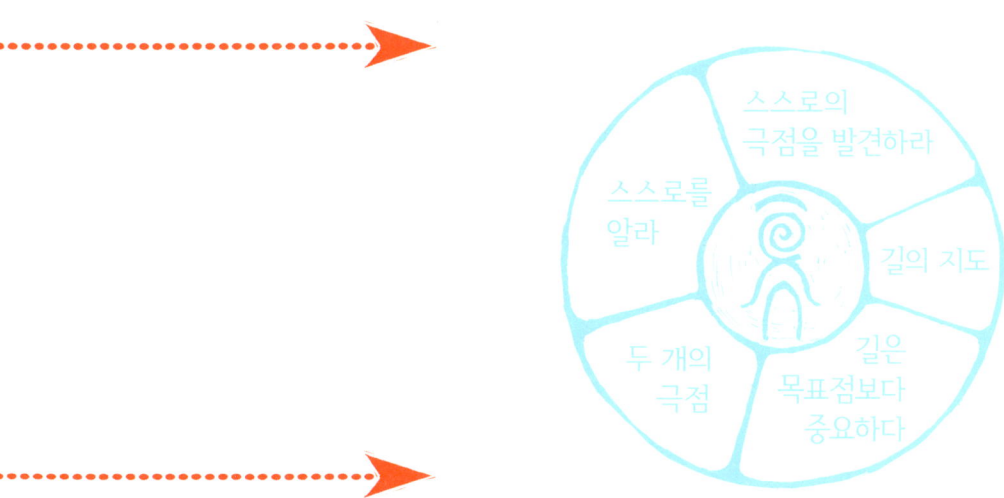

마렉 카민스키의 탐험에 대한 책들

마렉 카민스키 Marek Kamiński, 《나의 북극과 남극. 1990–1998년의 탐험 일기 Moje bieguny. Dzienniki z wypraw 1990-1998》
스와보미르 스베르펠 Sławomir Swerpel, 《마렉 카민스키와 보이치에흐 모스칼, 극점만은 아닌 Marek Kamiński, Wojciech Moskal, Nie tylko biegun》
마렉 카민스키 Marek Kamiński, 《꿈을 가진 소년 마렉 Marek- chłopiec, który miał marzenia》
마렉 카민스키 Marek Kamiński , 《세 번째 극점 Trzeci biegun》

글_ 아가타 로트-이그나치욱

폴란드 바르샤바의 미술 아카데미에서 공부했다. 생태와 모험에 관한 이야기를 재미있는 방식으로 독자들에게 선보이는 그래픽 노블 및 어린이책 작가이다. 지은 책으로는 《도바의 바다:카약으로 대서양을 건너는 방법》 《박물관의 드리카》 《모두 팬케이크를 먹어요》 등이 있다.

그림_ 바르트워미에이 이그나치욱

폴란드 단치히 조형예술학교에서 회화와 그래픽 디자인을 공부했다. 일러스트레이터이자 광고, TV 시리즈 및 장편 영화 감독이기도 하다. 지은 책으로는 《도바의 바다:카약으로 대서양을 건너는 방법》 《박물관의 드리카》 등이 있다.

옮김_ 이지원

한국외국어대학교에서 폴란드어를 공부하고 폴란드에서 어린이책 일러스트레이션의 역사를 연구해 박사 학위를 받았다. 지금은 학생을 가르치며 어린이책 기획과 연구에 힘쓰고 있다. 기획한 책으로 《생각하는 ㄱㄴㄷ》 《생각하는 ABC》 등이 있고, 옮긴 책으로는 《도바의 바다:카약으로 대서양을 건너는 방법》 《잃어버린 영혼》 《평등한 나라》 《꿀벌》 등이 있다.

마렉 카민스키 재단의 활동에 대한 더 자세한 정보는 아래에서 찾아볼 수 있습니다.

www.marekkaminski.com

www.marekkaminskiacademy.com

북극으로 남극으로 한 발 한 발 : 1년 안에 성공한 마렉의 극지 탐험기
제1판 제1쇄 발행일 2022년 11월 30일
제1판 제2쇄 발행일 2023년 8월 31일

아가타 로트-이그나치욱 글 | 바르트워미에이 이그나치욱 그림 | 이지원 옮김

펴낸이 · 곽혜영 | 편집 · 박철주 | 디자인 · 소미화 | 마케팅 · 권상국 | 관리 · 김경숙
펴낸곳 · 도서출판 산하 | 등록번호 · 제300-1988-22호
주소 · 03385 서울특별시 은평구 연서로26길 27, 대한민국
전화 · (02)730-2680(대표) | 팩스 · (02)730-2687
홈페이지 · www.sanha.co.kr | 전자우편 · sanha0501@naver.com

HOW TO REACH TO EARTH'S POLES
Text © Agata Loth-Ignaciuk
Illustration © Bartłomiej Ignaciuk
Originally published in 2020 under the title "Marek Kamiński. Jak zdobyć bieguny Ziemi... w rok"
by Wydawnictwo Druganoga, Warsaw, Poland

Korean Translation Copyright © 2022 by Sanha Publishing Co.
Korean translation rights arranged through Mr. Ivan Fedechko-IFAgency, Lviv, Ukraine and Agency-One Korea.

이 책의 한국어판 저작권은 에이전시 원을 통해 저작권자와의 독점 계약으로 도서출판 산하에 있습니다.
저작권법에 의해 한국 내에서 보호를 받는 저작물이므로 무단 전재와 복제를 금합니다.
8세 이상 어린이를 위한 책입니다.

ISBN 978-89-7650-577-4 77980

 《북극으로 남극으로 한 발 한 발》은 폴란드 번역 프로그램의 지원을 받아 출판한 책입니다.
This publication has been supported by the ©POLAND Translation Program